UNE

POIGNÉE DE HEROS

UNE

POIGNÉE DE HÉROS

GRAND IN-8° CARRÉ

Le commandant Marchand.

UNE

POIGNÉE DE HÉROS

LA MISSION MARCHAND

PAR

Gabriel GALLAND

Agrégé de l'Université

TRENTE-UNE GRAVURES

LIMOGES

EUGÈNE ARDANT & Cie

ÉDITEURS

A TOUS LES ENFANTS DE FRANCE

Chers enfants,

Bien souvent déjà, le soir, dans la familiale veillée, ou sur les bancs de votre classe, vous avez entendu vos parents et vos maîtres vous prêcher l'*amour de la Patrie.* Ils vous ont appris à aimer le petit coin de terre où vous êtes nés, le coteau ou le vallon qui forment le seul horizon familier à vos yeux ; ils vous ont dit, en des termes émus, combien la France était belle, combien glorieuse, combien généreuse ; ils vous ont conté tout ce qu'ont souffert nos aïeux, les vaillants du temps jadis, pour conquérir pied à pied, pouce à pouce, les cent morceaux dont se compose notre pays ; ils vous ont montré quelle dette de travail et d'honneur, saint héritage, nous ont léguée nos ancêtres ; ils vous ont nommé, dans le passé et dans le présent, ces héros qui ont fécondé notre sol de ce sang qu'ils ont si peu marchandé.

Vous seriez bien ingrats, enfants, si vous n'aimiez pas votre Patrie, comme une seconde mère, et autant que votre mère. Vous l'aimez maintenant ; demain vous la servirez. Vous prendrez gaiement le chemin de la caserne, et, sans avoir eu le temps d'oublier les moments heureux où vous jouiez au soldat, vous serez de vrais soldats ; vous entendrez battre de vrais tambours, sonner de vrais clairons; vos fusils et vos sabres ne seront plus de bois! Puis, après quelques années passées au milieu de braves camarades, vous reviendrez au pays natal. Ne croyez pas que votre tâche sera terminée là et que vous aurez payé votre dette, toute votre dette à la Patrie. Il vous faudra encore, quelle que soit votre situation, brillante ou obscure, vivre pour la Patrie et la servir utilement, en lui consacrant votre temps, vos forces et le meilleur de votre cœur. Le faux patriotisme est tout en paroles, le vrai patriotisme tout en action : celui-là est patriote qui, au premier ou au dernier rang, sert et honore son pays par son talent, son intelligence, son caractère, son mérite et son labeur quotidien. Vous travaillerez donc, en vous souvenant toujours que, seul, le travail empêchera le progrès, dont nos ancêtres furent les premiers ouvriers, de ne jamais prendre fin.

Mais, si aux jours calmes de la paix succèdent les jours sanglants de la guerre, alors, enfants! la Patrie, en échange des biens dont elle vous aura comblés, vous demandera plus encore : elle exigera que, sans une plainte, sans un murmure, vous souffriez et que peut-être vous mouriez pour Elle! Lorsque bourdonnera le tocsin sonnant les décisives épreuves, vous vous lèverez, prêts à vous offrir en sacrifice pour défendre la Patrie, votre mère. Quand viendra ce jour, vos mères, vos femmes, vos sœurs vous donneront le courageux exemple du sacrifice en vous tendant elles-mêmes le fusil et en vous disant : *Pour la France!*

Pour accepter cette idée de sacrifice, chers enfants de France, jeunes filles et jeunes garçons, il faut cultiver en vos âmes ces fleurs magnifiques : le *Devoir* et l'*Honneur*. Or, ces généreux sentiments qui vous pousseront au dévouement, à l'abnégation, à l'entier renoncement à vous-mêmes, se résument dans ce mot, le plus beau de tous, *la Patrie !*

Méditez donc tous les exemples sublimes qu'à chaque page vous offre l'histoire de notre pays : l'histoire est la véritable école du Patriotisme. En lisant ce petit livre que nous vous dédions, enfants de France, vous vous convaincrez que l'esprit de sacrifice n'est pas particulier à un temps, mais qu'il est de tous les temps, et que les *Vaillants d'aujourd'hui* ne sont pas indignes de leurs aînés, les *Vaillants d'autrefois*. Quand vous aurez vu à l'œuvre cette *Poignée de Héros*, que conduisait à l'Honneur le commandant Marchand, vous serez fiers d'être les contemporains de tels hommes et vous vous direz que le Pays qui les a fait naître n'est point voué à une décadence prochaine, comme le clament les pessimistes.

Quant à nous, nous ne croirons pas avoir fait œuvre vaine si, en racontant, historien fidèle, les exploits de la *Mission Marchand à travers l'Afrique*, nous contribuons, pour une modeste part, à fortifier en vos jeunes âmes le sentiment du Devoir et le sentiment de l'Honneur, c'est-à-dire la noble et salutaire vertu du Patriotisme.

Combien ont jalonné de leur cadavre la route...? (page 12)

UNE POIGNÉE DE HÉROS

I. — Le Continent Mystérieux. — Les Martyrs de l'Afrique. — Résultats des explorations. — La fin des légendes. — La Mission Marchand part en grand mystère.

Il n'est pas, sur le globe, de régions qui aient plus tenté l'audace des explorateurs que l'insaisissable Afrique. Le « Continent Noir », qui mérite d'être encore appelé le « Continent Mystérieux », exerce sur les âmes aventureuses un attrait irrésistible.

Chaque année, délaissant les joies de la famille, surmontant tous les obstacles qu'entassent sur leurs pas les hommes ou la nature, dévoués jusqu'à la mort à la Patrie, qui leur demande un entier renoncement à eux-mêmes, ou sontenus par l'amour de la science, qui exalte leur courage, d'héroïques explorateurs font délibérément le sacrifice de leur vie, pour doter leur pays d'immenses possessions aux incalculables richesses, et pour permettre aux géographes de remplir sur nos cartes d'Afrique les vastes espaces que notre ignorance a si longtemps laissés en blanc.

Mais, hélas! combien partirent, pleins d'espérance, se flattant de pénétrer les premiers sur des terres ignorées, qui tombèrent en route, égorgés par les sauvages, parfois avec d'horribles raffinements de cruauté! Combien ont jalonné de leurs cadavres la route qu'ils ont ouverte à la civilisation à travers les hautes herbes de la brousse ou l'impénétrabilité de la forêt vierge!

Si l'on faisait l'appel de tous ceux qu'attira dans l'Afrique la passion de l'inconnu, après bien des noms, on pourrait dire : Mort au champ d'honneur! L'Afrique est un champ de bataille où la civilisation lutte corps à corps avec la Barbarie, et, comme sur le champ de bataille, il s'y trouve toujours un brave pour relever la hampe du drapeau échappée à une main mourante. Longue, bien longue, est cette liste des Martyrs de l'Afrique! Notre chère France a le droit d'être fière de compter plus de noms qu'aucune autre nation dans le Martyrologe Africain.

Français, l'enseigne de vaisseau Maizan, disséqué vivant par les indigènes en 1845! Français, les missionnaires Deniaud et Augier, assassinés en 1881! Français, le colonel Flatters et huit officiers et ingénieurs, massacrés par les Touaregs en 1881! Français, le malheureux Crampel, assassiné en 1891! Français, le capitaine Ménard, tué en 1892! Français, le marquis de Morès, plus récemment encore victime des fanatiques! Français, Biscarrat, Thiriet, massacrés par les sauvages! Français, aussi Musy, de Poumeyras, Comte, devenus la proie des cannibales!

Et combien d'autres, sans tomber sous les coups des zagaies ou des couteaux des sauvages, furent les victimes d'un climat et d'un soleil meurtriers! On a pu dresser une carte nécrologique de l'Afrique. Si l'on jette les yeux sur ce document funèbre, on voit partout des points noirs, des croix qui désignent les lieux où sont tombés les voyageurs, victimes de la fatigue, de la fièvre, de la peste, des bêtes féroces, de la trahison des conducteurs ou de la haine des peuplades fanatisées. On ne compte pas moins de deux cents de ces croix sinistres, marquant l'emplacement des tombes de ces deux cents martyrs de l'Afrique!

Toutefois, ne croyez pas que tant d'énergie, tant de généreux efforts furent stériles, tant de sang, en vain dépensé! Comparez une carte d'Afrique datée d'il y a vingt ans avec une carte publiée de nos jours, et vous pourrez juger des progrès accomplis : que de lacunes ont été comblées, que de données peu précises ont été complétées, que d'erreurs ont été rectifiées, que d'absurdités, passant pour vérités, ont été reléguées au rang des plus fabuleuses légendes!

Ne vous souvient-il pas d'avoir lu dans quelque dramatique récit de voyages, plein d'émouvantes péripéties, que certains explorateurs avaient rencontré des hommes munis d'un appendice caudal, à l'instar des animaux ? Une discussion très vive s'engagea même entre les anthropologistes les plus compétents de tous les pays, au sujet de ces êtres bizarres, qu'on nommait « les hommes à queue ».

Le monde des savants était partagé en deux camps, soutenant avec force arguments leurs théories contradictoires sur cette émouvante question. Les uns soutenaient l'existence de ces hommes-phénomènes, et, avec non moins d'énergie, les autres la niaient.

Ce n'est que tout récemment qu'un explorateur, moins crédule que les autres, a trouvé la solution de ce problème et a mis tous les savants d'accord. Ce voyageur avait, en effet, assez longtemps vécu au milieu des tribus d'hommes à queue : ces phénomènes étaient tout simplement de fort honnêtes sauvages qui, en guise d'ornement, avaient adapté une queue de vache au pagne qui leur sert de ceinture.

On avait pris, pour un appendice caudal donné aux hommes par la nature, une queue de vache, qui n'était qu'un bizarre objet de toilette ! Cette mode est d'ailleurs toujours en grande vogue dans le centre de l'Afrique. Et voilà comme s'en vont les légendes rejoindre les vieilles lunes !

Renversées aussi toutes les hypothèses plus ou moins scientifiques, plus ou moins drôlatiques, émises sur la géographie des différentes régions africaines. Il n'est plus permis aujourd'hui d'ignorer quelles sont les vraies sources du Nil, mais il n'est pas bien éloigné le temps où les géographes figuraient, au centre de l'Afrique, une vaste mer intérieure, dont le Nil était l'effluent.

Peut-on également se rappeler, sans sourire, les contes débités jadis sur la source du grand fleuve égyptien? Le Nil, prétendait-on, descend des remparts du Paradis terrestre. Mais, de peur de donner à de trop crédules lecteurs le désir téméraire d'échapper aux misères de ce bas monde, et de gagner pédestrement le lieu des paradisiaques délices, en remontant le fleuve qui descend du séjour des bienheureux, on ajoutait que les courants étaient si impétueux, le mugissement des vagues si effrayant, l'éclat des eaux si aveuglant, que l'on était assuré, en tentant pareille entreprise, soit d'une mort certaine, soit du moins de la perte de la vue ou de l'ouïe. L'on citait même les noms de personnages importants qui furent les victimes de leur curiosité et de leur présomption!

Il en est des autres parties de l'Afrique comme de la région où le Nil prend ses sources; mais c'est surtout vers le centre, le cœur de l'Afrique, que les explorations se sont depuis quelques années multipliées, jetant à bas nombre d'hérésies géographiques.

On connaît les voyages de Stanley, la traversée du continent africain par le capitaine français Trivier, les admirables explorations du français Savorgnan de Brazza, qui a ouvert à la métropole, par l'occupation du Congo, un vaste champ d'espérances que l'avenir, nous l'espérons, réalisera brillamment. Mais, à mesure que les horizons de l'inconnu s'élargissaient, les explorateurs, dont la devise est : « En avant ! Toujours plus loin ! » s'éloignaient des régions trop connues pour percer les ténèbres de l'Afrique équatoriale.

Au nombre des hardis pionniers qui ont planté le drapeau de la civilisation en pleine barbarie, et percé les mystères du continent noir, l'Histoire écrira en lettres capitales le nom du commandant MARCHAND et de ses héroïques compagnons.

La mission dont on avait confié le commandement au capitaine Marchand (1) fut entourée, à ses origines, d'un grand mystère. Composée d'officiers expérimentés, et aussi éprouvés que leur chef, elle reçut du ministère des instructions secrètes et en quelques semaines fut prête à partir.

Les paquebots, qui levèrent l'ancre les 25 avril, 10 mai, 25 mai et 25 juin 1896, transportèrent au Congo les chefs, les soldats et le matériel considérable que nécessitent de pareilles expéditions. Quel était le but poursuivi par cette mission? On ne le savait pas d'une façon bien précise : elle devait remonter le Congo et son affluent l'Oubangui? Mais après? Irait-elle plus loin? Retournerait-elle en arrière?

Le secret était assez bien gardé sur les intentions du commandant Marchand pour qu'elles fussent ignorées, même du dessinateur qu'un journal français illustré avait chargé d'accompagner la mission,

---

(1) Nous donnons, dans tout le cours de notre récit, le titre de *commandant* à notre héros, bien qu'il n'eût au début de sa mission que le grade de capitaine. Le chef d'une expédition porte, quel que soit son grade, le titre de *commandant*. Le capitaine Marchand a reçu le quatrième galon à Fachoda.

pour prendre des croquis et des photographies des pays qu'elle traverserait. « Une mission, *dont je ne connaissais ni le but ni les moyens d'action,* écrit cet artiste dans la relation de son voyage, consentit à me laisser cheminer auprès d'elle, à la condition que je ne me mêlerais pas de ses affaires et que je paierais mon écot... » Plus loin nous lisons encore : « Quelle est cette mission? et surtout *quel est son but?* je ne saurais le dire au juste. Dans tous les cas, c'est avec elle que je vais m'enfoncer dans le continent noir... »

On comprend la raison de ce mystérieux silence que l'on faisait autour des projets et de la destination éventuelle de la Mission. A qui eussent profité ces divulgations? D'abord aux reporters des journaux, toujours à l'affût de nouvelles sensationnelles, mais surtout aux nations rivales de la France, qui avaient tout intérêt à faire échouer la Mission Marchand. Il faut bien le dire — et il n'y a pas de honte à faire cette constatation — les missions européennes dans les pays neufs ne sont pas uniquement destinées à développer les connaissances de géographie, d'ethnographie ou d'histoire naturelle : elles ont surtout pour but de favoriser les intérêts politiques et commerciaux de la métropole. L'avenir industriel et commercial d'un pays n'est-il pas une de ces questions vitales qui doit préoccuper tout gouvernement sérieux?

Ce que l'on cachait alors avec tant de soin et tant de raison, nous le savons, aujourd'hui que la mission Marchand est revenue de ses longues courses à travers un monde inconnu, et qu'elle a fait flotter à Fachoda, sur le Nil, les trois couleurs de notre drapeau. La mission Marchand partait du Congo pour arriver au Nil; elle pouvait s'intituler la Mission Congo-Nil : aussi, sur ses bagages, aurait-on pu lire ces deux lettres énigmatiques C. N.

Les Mahdistes assassinent Gordon-Pacha. (page 25)

II. — La barbarie africaine. — Les Européens en Afrique. — Antagonisme de la politique française et de la politique anglaise. — La mission Marchand rendue nécessaire par la menace de la Croix britannique. Composition de la Mission. — Victoire!

Il nous faut, avant d'entreprendre le dramatique récit des émouvantes péripéties de la traversée de l'Afrique par une poignée de héros, exposer aussi clairement et aussi simplement que possible ce que la France attendait du dévouement de ses fils. Sans ces quelques notions préalables sur la géographie politique de l'Afrique, on risque de ne pas mesurer à sa juste valeur l'œuvre immense accomplie par la mission Marchand. Mais que nos aimables lecteurs se rassurent, nous ne jetterons qu'un coup d'œil très rapide sur la carte d'Afrique.

Les peuples africains sont restés, jusqu'à nos jours,

plongés dans la barbarie. La nature leur prodigue ses trésors, mais cet excès même de richesses rend les hommes paresseux et supprime la nécessité de l'effort, condition essentielle du progrès. De plus, cette même nature oppose des obstacles presque infranchissables aux communications avec les autres parties du monde, et c'est ce qui a privé les Africains de l'influence bienfaisante du contact avec autrui. A l'exception des régions méditerranéennes voisines des peuples arrivés à un haut degré de civilisation, les tribus de l'Afrique, vivant à l'écart, sous un climat parfois déprimant, n'ont pas fait un pas en avant dans la voie du perfectionnement moral.

Ajoutez à cela que chaque tribu vit à l'écart de sa voisine, pour laquelle elle est toujours un voisin incommode, quand elle n'est pas un ennemi dangereux, et que, dans la tribu, les hommes, asservis à un potentat qui, d'un geste, fait tomber les têtes, n'ont aucune idée de la liberté ni de la dignité humaines. Ils ne songent qu'à satisfaire leurs appétits matériels et n'ont point d'autre idéal.

Cette infériorité des indigènes explique la facilité avec laquelle les Européens ont réussi à s'établir dans l'Afrique, qui est presque entièrement tombée sous leur domination — domination plus souvent nominale qu'effective.

Deux peuples se sont taillé en Afrique la part du lion : les Français et les Anglais.

La France possède, sur la Méditerranée, l'Algérie et la Tunisie et, à l'équateur, le Congo. La vaillance de ses explorateurs et l'habileté de sa diplomatie lui ont permis d'unir ces deux possessions, en étendant sa sphère d'influence sur la partie occidentale du désert du Sahara, et en conquérant le Dahomey et le Soudan — suite naturelle de notre belle possession du Sénégal — ; si bien que, de l'Equateur à la Méditerranée, à part quelques enclaves, presque toute l'Afrique occidentale est française.

A l'Est, sur la mer Rouge, le drapeau tricolore flotte à Obock, à Tadjourah, à Djibouti.

On comprend facilement que la politique française ait cherché à unir nos possessions de l'Ouest avec nos possessions de l'Est, de l'Atlantique à la mer Rouge, en occupant les pays intermédiaires, sur lesquels aucune puissance européenne n'avait établi son protectorat.

L'Angleterre, de son côté, possède la colonie du Cap, et, par des annexions récentes, elle a acquis une longue bande de terrains, qui se prolonge jusqu'aux grands lacs du centre de l'Afrique.

Au Nord, elle s'est implantée en Egypte, dans la vallée inférieure du Nil, après en avoir évincé la France, qui y possède des intérêts séculaires, et, malgré ses promesses réitérées, elle se refuse à évacuer la terre où s'illustrèrent Saint-Louis, Bonaparte, Kléber, où rayonna la science française, dont les découvertes ont permis de déchiffrer les hiéroglyphes. L'Europe élève en vain ses protestations, la Grande-Bretagne n'en a cure et donne prise au reproche de méditer l'annexion définitive de l'Egypte.

Le plan des hommes d'Etat anglais est donc de réunir ces possessions méridionales aux possessions septentrionales et, par une ligne ininterrompue d'occupation, de posséder cette longue bande de terre qui s'étend du Cap à Alexandrie.

D'autre part, si la politique britannique réussissait à unir de même les territoires du Niger qu'elle occupe, avec la Haute Egypte, appelée aussi Soudan Egyptien, elle coupait l'Afrique entière d'une vaste *croix*, dont les points extrêmes auraient été Alexandrie, au Nord; Le Cap, au Sud; le Niger, à l'Ouest; Zeïlah et Berbera ou Zanzibar, sur l'Océan Indien, à l'Est. C'est cette menace de la *croix britannique* barrant l'Afrique, qui inquiéta la France.

Fatalement, la France et l'Angleterre devaient se contrecarrer dans leurs mouvements d'expansion, qui, par la force des choses, se trouvaient *perpendiculaires* l'un à l'autre, la France cherchant à avancer de l'Ouest à l'Est, l'Angleterre du Nord au Sud.

Il s'agissait donc, pour les deux nations, d'envoyer soit des armées, soit de hardis explorateurs, afin de faire acte de priorité sur les terres inoccupées du Soudan Oriental et d'établir ainsi leur droit de premier occupant : c'est ce qu'elles firent toutes deux, avec des moyens bien différents et des fortunes bien diverses.

D'après cet aperçu géographique, peut-être un peu aride, mais indispensable cependant à l'intelligence des faits que nous allons raconter, il nous paraît démontré que le territoire que l'une ou l'autre des nations rivales devait, de toute nécessité occu-

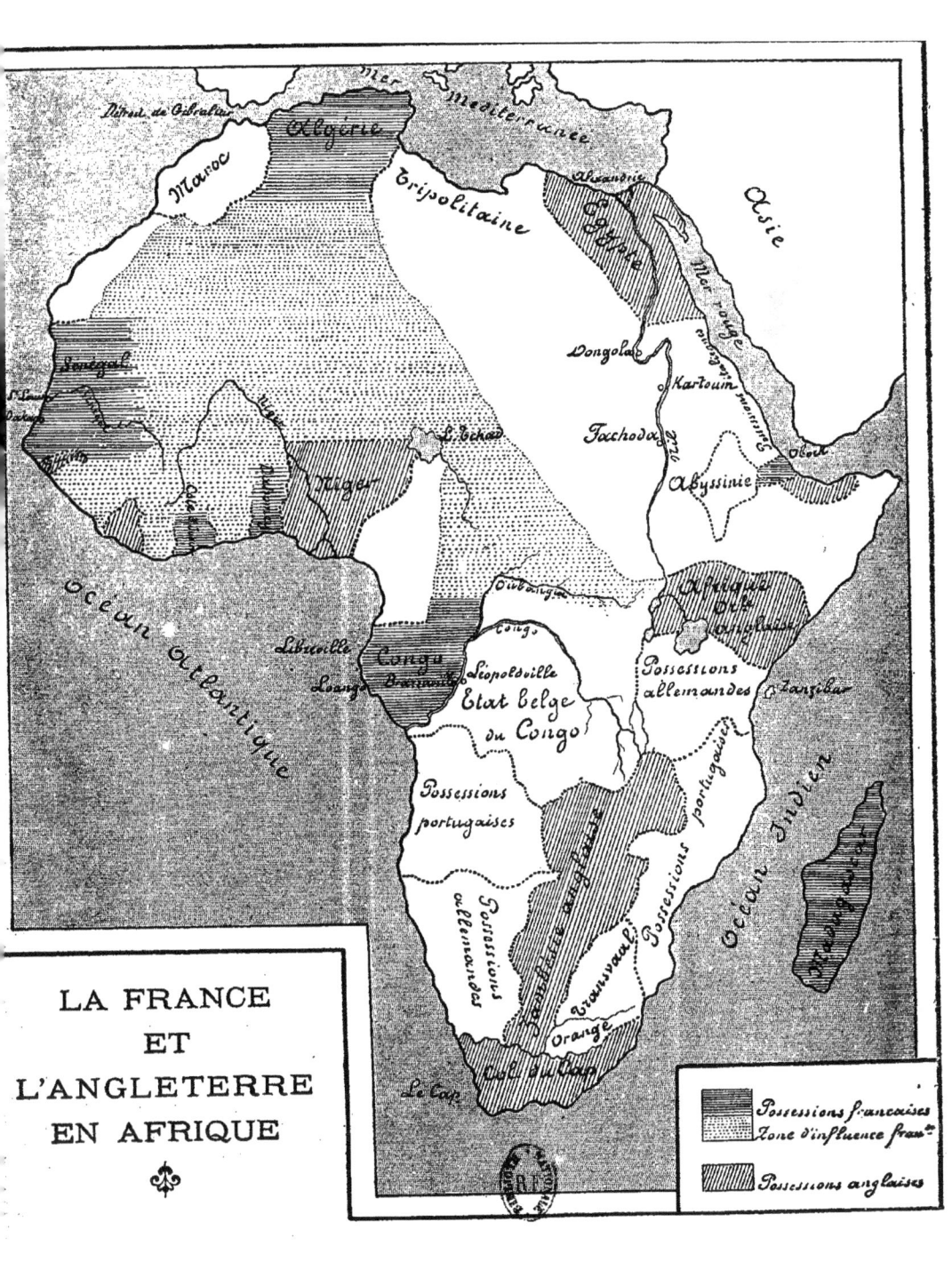

per, était le Soudan Oriental, traversé par le Nil, qui arrose Khartoum et Fachoda.

Cette partie du Soudan est aussi désignée sous le nom, déjà employé par nous, de Soudan égyptien. Il appartenait en effet à l'Egypte, qui en fit l'annexion en 1870. Mais l'occupation égyptienne fut de courte durée. En Afrique, il faut toujours compter avec le fanatisme religieux. Des marchands d'esclaves, qui voyaient, avec l'occupation étrangère, leur commerce obligé de prendre fin, organisèrent, en 1881, une insurrection contre l'Egypte. Ils firent prêcher la guerre sainte par un des plus fanatiques sectateurs de Mahomet, un derviche ou moine musulman, renommé pour sa sainteté et son austérité, Mohammed-Ahmed, qui prit le nom de Mahdi ou Messie. Les révoltés, ou Mahdistes, ou Derviches (1), fanatisés par leur prophète, dont la parole enflammée prédisait l'expulsion des étrangers, mirent en déroute les soldats anglais et les troupes égyptiennes envoyés contre eux par le vice-roi d'Egypte.

La capitale du Soudan égyptien, Khartoum, fut bientôt cernée par les fanatiques, dont les bandes grossissaient sans cesse, dans l'enthousiasme des premiers succès. Malgré une résistance héroïque, et qui égale les plus beaux faits de l'histoire ancienne ou moderne, le gouverneur de la ville, l'anglais Gordon-Pacha, ne put arrêter l'élan des Mahdistes, qui pénétrèrent dans Khartoum et l'assassinèrent (1885).

---

(1) On verra plus loin la victoire du commandant Marchand sur les Derviches, qui voulurent le chasser de Fachoda.

Quelque temps après, les provinces plus méridionales du Dar-four et du Bahr-el-Ghazal tombaient entre les mains des révoltés, si bien que le ministère anglais, malgré la honte de ces défaites, abandonna la Nubie et le Soudan, qui retournèrent à la barbarie. Ces régions, naguère si florissantes, se dépeuplèrent, et l'on ne voyait plus que malheureux, fuyant de toutes parts pour échapper aux Arabes marchands d'esclaves, dont le commerce seul prospérait au milieu de ces ruines entassées par le brigandage.

La retraite des troupes anglo-égyptiennes fut considérée par la diplomatie européenne comme un abandon définitif du Soudan Egyptien, qui, de ce fait même, *redevint indépendant*. N'importe quelle nation, à partir de ce jour, pouvait s'emparer de cette région, qui n'appartenait plus à personne.

Les Anglais, dont on ne saurait nier la ténacité et l'esprit de suite, ne perdant pas un seul instant de vue leur objectif, qui se résume dans une formule concise mais de conception grandiose : « *Du Cap au Caire!* » songèrent bientôt, après avoir pris pied en Egypte, à reconquérir les régions que l'insurrection mahdiste avait arrachées à la domination égyptienne.

En principe, une expédition formidable était projetée : une armée anglo-égyptienne, forte de 40.000 hommes, allait se lancer, sous la conduite du sirdar (1) Kitchener, à la conquête de Khartoum et de Fachoda. Si le succès couronnait ses efforts, c'en

---

(1) Le titre égyptien *de sirdar* correspond à celui de général.

était fait : le gigantesque projet de la politique anglaise, en Afrique, se trouvait de ce fait réalisé ; la jonction de nos colonies occidentales et orientales était à jamais rendue impossible, et, sur la carte d'Afrique, s'étalait audacieusement la *croix britannique*.

Heureusement, le gouvernement français veillait : il s'agissait de contrecarrer les manœuvres anglaises, en faisant occuper par nos troupes un point quelconque, une ville, une bourgade même du Soudan égyptien abandonné, comme nous l'avons vu, sans esprit de retour. Mais, il importait d'agir vite et d'arriver bon premier dans ce steaple-chases d'un nouveau genre. Le gouvernement décida donc d'envoyer sur le Nil, à Fachoda, une petite colonne militaire.

Plusieurs voies s'offraient à elle pour atteindre le Nil : partir de la Tunisie et couper en diagonale le Sahara ; mais la longueur de la route, la traversée d'immenses étendues de sable, la difficulté de se procurer des vivres, la crainte qu'inspiraient les pirates du désert, les Touaregs, ne militaient guère en faveur de l'adoption de cette voie de pénétration.

Partir du Sénégal et traverser tout le Soudan ; mais, c'eût été choisir l'endroit où l'Afrique atteint presque sa plus grande largeur. Puis, on ne pouvait oublier que le Soudan était loin d'être pacifié ; le terrible potentat Samory, qui, si longtemps, terrorisa tout le pays et se joua de nous, semblait insaisissable (1). Bref, faire suivre cet itinéraire à une poignée d'hommes, même à une poignée de héros, c'eût été la conduire à une mort certaine.

On se décida donc pour le Congo. La colonne utiliserait, sur une grande partie de sa route, les voies fluviales du Congo, de l'Oubangui et de ses affluents; de là, on gagnerait le bassin du Bahr-el-Ghazal, qui se jette dans le Nil, un peu au sud de Fachoda, dont la position stratégique et commerciale est de tout premier ordre. Là, on attendrait les événements.

Le chef désigné fut le capitaine d'infanterie de marine Marchand, un très jeune officier, à qui sept ans de campagnes, brillantes mais pénibles, en Afrique, avaient valu un avancement extrêmement rapide et la rosette d'Officier de la Légion d'honneur.

Avec une grande joie patriotique, le capitaine Marchand accepta la tâche glorieuse qu'on lui proposait. Il n'ignorait pas, cependant, que plus de cinq mille kilomètres — douze cent cinquante lieues — plus de cinq fois la distance qui sépare Dunkerque de Perpignan — séparent la côte africaine du Nil. Cinq mille kilomètres à parcourir avec une poignée d'hommes, au milieu de l'hostilité générale des indigènes! Cinq mille kilomètres à parcourir dans des régions mal connues et souvent totalement inexplorées! Cinq mille kilomètres à parcourir au milieu des hautes herbes de la brousse, des forêts vierges, des

---

(1) Samory a été enfin capturé par un vaillant petit détachement de soldats, à la tête desquels se trouvaient le capitaine Gouraud et le lieutenant Jacquin, que ce brillant fait d'armes a rendus populaires (1899).

marécages! Cinq mille kilomètres sous un ciel meurtrier!

Et, cependant, il n'hésita point une seconde à répondre : Oui! à la Patrie, qui le conviait à cet héroïque labeur national, dont le poids n'effrayait pas ses fortes épaules. Il partit, confiant dans le succès d'une entreprise qu'on pourrait qualifier d'impossible, si le mot impossible était français; il partit, enchanté d'avoir été choisi, lui, le plus digne d'entre les dignes, pour être l'ouvrier d'une œuvre grande, belle, utile à la France et à l'Humanité!

Il s'assura du concours de quelques officiers, vaillants comme des lames d'épée, et qui le suivraient partout, même à la mort. Cet état-major d'élite comprenait : le capitaine d'artillerie de marine Germain, commandant en second de la Mission, un rude soldat, rompu aux explorations en Afrique;

Le brillant capitaine de cavalerie légère, Baratier, un vieux Soudanais encore, qui s'était fait très remarquer dans des combats contre les bandes de Samory;

Le lieutenant d'infanterie de marine Mangin, à qui, en qualité de vieil africain, devait être confié le commandement de la compagnie des tirailleurs sénégalais;

Le lieutenant de vaisseau Morin;

L'enseigne de vaisseau Dyé;

Les lieutenants d'infanterie Simon, Largeau;

Le docteur Emily, médecin-major de la marine;

L'interprète Landeroin;

Enfin, pour encadrer les troupes sénégalaises, quelques sous-officiers, parmi lesquels l'adjudant de Prat, le sergent Dat, le sergent Bernard, le sergent Venail...

Cette cohorte d'élite était digne de son chef, et les 150 Sénégalais, qu'on devait embarquer à Dakar, n'étaient point inférieurs à leurs chefs officiers.

Il fallait se hâter.

Deux mois avant que la mission Marchand se mît en route, *quarante mille Anglais*, commandés par le sirdar Kitchner, quittaient le Caire et remontaient le Nil, ayant pour objectif Khartoum et Fachoda.

Qu'importe? Il faut marcher de l'avant : on rattrapera le temps perdu, et il ne sera pas dit que le drapeau rouge de la Grande-Bretagne aura devancé le drapeau tricolore. Parti le dernier, le 25 juin 1896, le commandant Marchand, avec sa poignée de héros, malgré deux mois de retard, arrivait à Fachoda le 10 juillet 1898, et le général anglais Kitchner, parti deux mois avant lui, suivi de toute une armée, n'arrivait à Fachoda que le 20 septembre 1898, avec deux mois de retard!

A la nouvelle d'un aussi invraisemblable succès, les Anglais furent atterrés, et la France tressaillit d'une indicible émotion patriotique, en songeant, avec un orgueil bien légitime, que, après de pareils hauts faits, elle était en droit, pour les épreuves futures, de tout attendre de ses enfants!

Ces rameurs sont des noirs rompus à ce métier... (page 37)

III. — Le sang rouge des tirailleurs noirs. — La gaîté du voyage. — Les dangers de la Barre. — Loango. — Le recrutement des porteurs Loangos. — La tour Eiffel au Congo. — Les sorciers Loangos.

Le lieutenant Mangin, désigné, nous l'avons dit, pour commander la compagnie des tirailleurs noirs, qui devait former l'escorte de la mission Marchand, fut aussi chargé de les recruter : Il s'embarqua avec le capitaine Germain par le paquebot *le Stamboul*, qui partit de Marseille le 25 mai 1896. Le 3 juin, ils arrivaient à Dakar, le port le plus fréquenté de notre belle colonie du Sénégal.

La compagnie des tirailleurs soudanais ou sénégalais comprenait 150 braves, que le lieutenant Mangin avait déjà vus à l'œuvre en Afrique, dans ses expéditions militaires à travers le Soudan. Ces noirs adoraient leur chef blanc ; et, pour lui, sur un seul signe, se seraient fait hacher. On ne se doute pas, en France, de la fidélité que témoignent, à l'égard de notre drapeau, ces humbles mais braves soldats nègres : ils l'aiment d'un amour qui pourrait faire rougir l'indifférence de plus d'un Français au patriotisme trop tiède. Mourir pour le drapeau leur semble, à ces Français d'outre-mer, la chose la plus simple du monde.

L'un de ces tirailleurs sénégalais disait, en son langage naïf, mais sincère : « Nous, Français aussi... nous, peau noire, mais avoir, comme blancs, sang rouge... nous, savoir verser sang pour drapeau français... » Brave cœur !

Dans sa tâche d'instructeur, le lieutenant Mangin fut aidé par l'adjudant de Prat, une des physionomies modestes, mais des plus sympathiques de la Mission. La tâche était, d'ailleurs, facile et agréable.

Nos braves Soudanais égayaient, par leurs enfantillages — les nègres sont de grands enfants — les plus mélancoliques des passagers. A propos de tout, et surtout à propos de rien, des fusées d'éclats de rire sortaient de leurs bouches aux lèvres rouges et épaisses, découvrant d'admirables rangées de dents blanches.

Et, cependant, leur voyage n'avait rien de particulièrement réjouissant : ces pauvres négriots étaient mal vêtus, mal nourris, mal couchés, parqués sur le pont comme des animaux, exposés au vent, à la pluie, au soleil. Mais, grâce à leur philosophie ou à leur insouciance, ils semblaient, étant fous de tapage et de danse, les plus heureuses gens du monde. Rien n'altérait leur gaîté, et nul contre-temps ne les empêchait de chanter, comme le soir, dans les cases de leurs villages, leurs chansons bizarres et leurs étranges mélopées.

Tous les paquebots qui portaient à leur bord les membres de la Mission, qui devaient se trouver tous réunis à un jour dit, à Brazzaville, s'arrêtèrent à Loango, ou plutôt au large de Loango, un des ports de notre Congo.

Sur toute cette partie de la côte africaine, la mer n'atteint pas, à proprement parler, la terre ferme ; ou, pour mieux dire, on trouve partout un double rivage. D'immenses bancs de sable, assez étroits, s'allongent parallèlement au littoral, en formant une lagune peu profonde, malsaine, inhospitalière, qui ne communique avec la mer que par une passe d'accès très difficile à cause de la *barre*.

Ce mot de *barre* a une double signification. On désigne tout d'abord, sous ce nom de *barre*, le seuil, couvert de quelques mètres d'eau à marée basse, et qui empêche les navires à fort tonnage de pénétrer dans les lagunes du littoral ou dans l'estuaire de la plupart des fleuves africains de cette côte : telle la barre capricieuse qui « barre » l'embouchure du fleuve du Sénégal, et qui a fait fuir le commerce de Saint-Louis à Dakar, où abordent à quai les plus grands paquebots ; telle, la barre qui se trouve à l'embouchure de l'Ogooué, une des plus belles voies fluviales de notre colonie du Congo ; telle, aussi, la barre du Niari-Kouilou, dont nous aurons à dire les nombreux méfaits.

On donne aussi le nom de *barre* au phénomène curieux de la « calemma » : sur ce rivage peu profond de l'Afrique, les flots de l'Océan Atlantique viennent se briser en formant une série de vagues parallèles au nombre de trois, six ou sept.

Ces vagues ont une hauteur considérable et, même par les temps les plus calmes, leur mugissement est épouvantable. Viennent une forte marée et les vents violents du large, alors ces vagues s'exaspèrent et sont absolument infranchissables.

C'est pour remédier à cet inconvénient, qu'offre au débarquement des passagers et des marchandises le phénomène de la barre, que l'on a construit à Kotonou, sur le rivage de la nouvelle colonie du Dahomey, dont la bravoure du général Dodds a doté la France, un wharf ou jetée métallique à claire-voie, qui part du rivage et s'avance, au dessus des vagues de la barre, jusqu'à la pleine mer, permettant ainsi le débarquement direct des gens et des colis.

Ces vagues successives se forment de même à l'entrée des lagunes, sur ces seuils peu profonds dont nous avons parlé : au large de Loango, la passe est particulièrement dangereuse.

Les steamers jettent l'ancre et stoppent très loin en mer. On est obligé de descendre dans des baleinières — quand il s'en trouve — ou dans des pirogues longues et arrondies à l'avant.

Il faut généralement de douze à quinze pa-

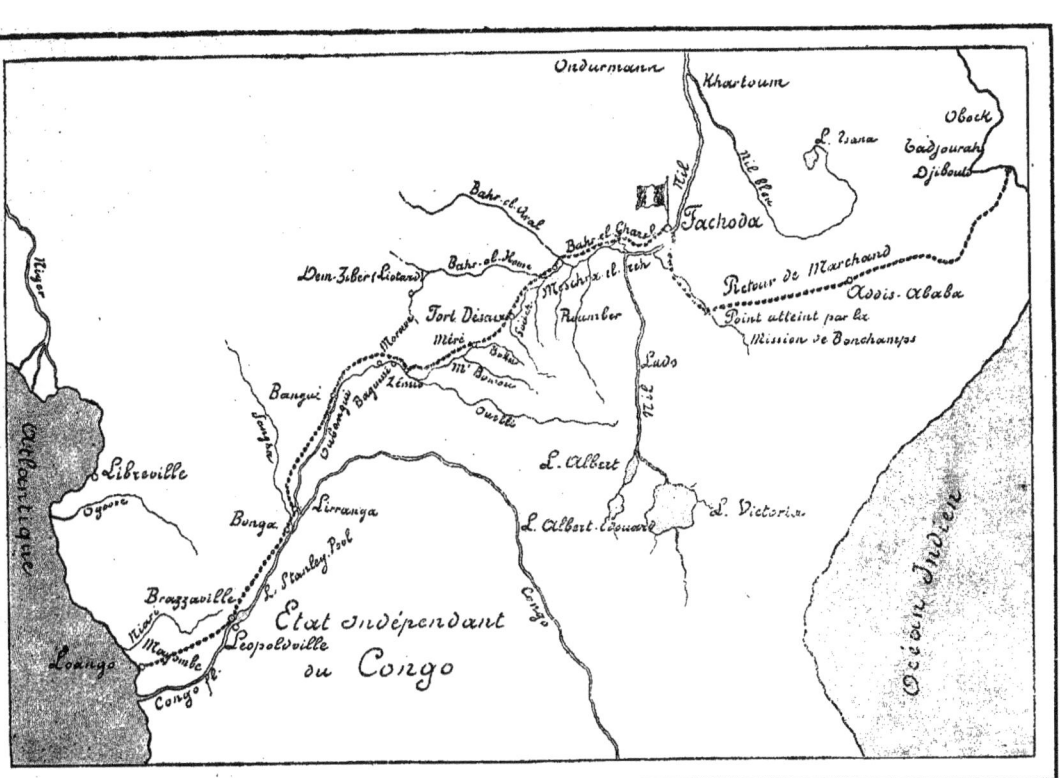

Itinéraire de la mission Marchand.

gayeurs très vigoureux pour enlever deux passagers et quelques caisses de marchandises.

Ces rameurs sont des Noirs rompus à ce métier, non seulement pénible, mais souvent dangereux. A l'approche de la barre, ils se raidissent sur leurs pagaies, excités par les cris du sorcier qui, à l'avant, se tient debout, se démenant et hurlant comme un possédé. Ce sorcier tient toujours à la main quelque fétiche; le plus souvent, ce fétiche n'est autre chose qu'une queue de vache ou d'animal quelconque, ornée de gris-gris bizarres.

Les invocations du sorcier ont pour but de rendre favorables, aux piroguiers, les Bons Esprits et de conjurer la haine des Mauvais Esprits, qui se plaisent à faire chavirer leurs pirogues.

Mais, prières et fétiches sont souvent de peu de secours et les canots chavirent, entraînant au milieu des vagues tourbillonnantes de la barre, bagages et passagers; presque toujours la mer rejette honnêtement les colis au rivage, mais parfois elle garde les naufragés; souvent aussi l'on put voir un malheureux, happé par un requin, disparaître, entraîné par le monstre, sous les yeux de ses compagnons impuissants à lui porter secours. Et, de sa trace, il ne laissait qu'une large tache rouge s'élargissant lentement sur la blancheur d'écume.....

La traversée de la barre est si dangereuse au Congo, que parfois les pagayeurs, sachant que la mer poussera à la côte les caisses qu'on lui confie, jettent tous les bagages à la mer pour alléger leurs canots et en rendre la manœuvre plus facile.

La mission Marchand n'éprouva heureusement, au passage de la barre, que des désagréments sans conséquence tragique : on vit notamment, un jour, un canot retourné comme une plume, avec ses douze rameurs et ses bagages.

La manœuvre n'est point des plus aisées : il ne suffit pas, en effet, d'aborder ces vagues successives, de se faire monter et de se laisser descendre par elles : il est de la plus grande importance, — car une seconde d'erreur peut être fatale — de se lancer sur la première vague au moment précis où elle va déferler, de façon à redescendre l'autre versant de cette montagne liquide au moment où elle forme un ventre et non un creux. On attend de même la minute favorable pour franchir la seconde, puis, successivement, les autres vagues, de la même façon; mais il faut, on peut bien le penser, de prodigieux efforts pour effectuer les montées, car, plus la vitesse est grande, mieux le canot obéit au gouvernail.

Moins heureux que le commandant Marchand, un autre explorateur bien connu, le lieutenant-colonel Monteil, faillit un jour périr, dans la barre de Loango, avant d'avoir même commencé sa tâche. Quatorze des embarcations, appartenant à sa mission, chavirèrent; celle qui contenait le chef de l'expédition et un administrateur, M. Fondère, fut complètement retournée sur elle-même. Sans la présence d'esprit de ses compagnons, qui le dégagèrent à temps, le lieutenant-colonel Monteil trouvait la mort sous l'embarcation qui, en le recouvrant complètement, paralysait tous ses mouvements.

Loango était le lieu d'où les caisses, contenant tout le matériel de la mission Marchand, devaient être dirigées sur Brazzaville, qui, en réalité, était le vrai point de concentration.

Loango est baptisée ville, mais rien ne justifie ce nom pompeux. Quelques maisons en bois non équarri, quelques cases ou « chimbèques » couvertes en raphia, sont éparses dans les replis d'un terrain assez accidenté, et presque perdues dans les hautes herbes de la brousse.

C'est moins qu'un village, moins qu'un hameau. Une cinquantaine de blancs y vivent sous la protection du pavillon tricolore, hissé au haut d'un mât, devant la résidence de l'administrateur français.

C'est de Loango que part la route de terre qui conduit à Brazzaville, situé à quelques 600 kilomètres plus loin, sur le fleuve du Congo : de là, l'importance de cette station. La petite troupe, composant la Mission, s'y installa du moins mal qu'elle put; mais, comme il n'y a pas à Loango de commerce de vivres, la question des subsistances ne laisse pas, parfois, que d'être inquiétante. Les indigènes, heureusement, apportent de temps à autre qui du manioc, qui des chèvres, des moutons, des cabris, voire même des porcs venant de l'intérieur.

On s'occupa tout d'abord de recruter des noirs pour transporter les colis de la Mission à Brazzaville; car, au Congo, le climat ne permet d'utiliser, pour le portage, ni chevaux, ni mulets : on doit donc recourir au portage humain. Les nègres de Loango et des villages avoisinants, sont habitués à ces transports : environ 7.000 de ces noirs, que l'on appelle Loangos, font, chaque année, avec des charges, la route de Loango à Brazzaville.

Le recrutement de ces porteurs est fait par des sortes de racoleurs, que l'on nomme « *capites* », chefs des caravanes, qui offrent aux postes ou aux factoreries de fournir le nombre de porteurs dont on a besoin. On donne quelques avances au capite pour lui et pour chacun de ses porteurs.

Il est plus rare, qu'on ne pourrait le supposer, de voir un de ces chefs de caravanes disparaître avec ses arrhes, sans se représenter au jour fixé : en l'absence de tout autre sentiment moral, l'intérêt lui commande, s'il tient à continuer sa petite industrie, d'être honnête.

Toutefois, le capite ne peut répondre de la fidélité de chacun de ses porteurs. Plus d'un, de ces derniers, s'est enfui, emportant à sa case les colis qu'on avait confiés à son honnêteté; plus d'un aussi, a été déçu dans ses espérances, qui croyait avoir dérobé une fortune, et s'est trouvé n'avoir entre les mains que des objets dont il ne pouvait tirer le moindre parti.

A. Daudet, dans son admirable livre de Tartarin de Tarascon, ce chef d'œuvre que tout le monde devrait avoir lu, raconte la mésaventure plaisante, advenue à un des porteurs que son héros Tartarin avait engagés pour le suivre au désert. Ce nègre, malhonnête, s'était enfui avec la caisse de pharmacie, qu'il prenait pour une caisse de rhum... Peu de temps après, on retrouva le malheureux en proie à

Massacre de la mission Flatters.

d'intolérables douleurs d'entrailles : il avait, dans son ignorance et dans sa gourmandise, avalé tout le sparadrap de la boîte pharmaceutique, et, pour le mieux digérer, il avait absorbé le contenu d'une bouteille d'arnica! Ce qui nous prouve, qu'en ce monde, le vice est presque toujours puni.

Les capites ont cependant trouvé un moyen de rendre les désertions moins fréquentes : s'ils sont condamnés à l'amende, par suite des vols commis par les porteurs, ils prélèvent le montant de l'amende sur le salaire de la bande, qui, de ce fait, se trouve intéressée à rester le plus honnête possible.

Tous les porteurs, ou du moins la généralité des porteurs qu'employa la mission Marchand, étaient Loangos. Les Loangos sont laids, assez faibles en apparence, mais, en réalité, très robustes. Leur front est bombé au milieu et plus large le long des arcades sourcilières. Le nez est très aplati, la bouche très grande, le menton fuyant, les yeux petits. Leur intelligence est assez vive.

Ils excellent dans l'art de la vannerie, tressent fort habilement des paniers, les parois de leurs cases, des nattes d'un dessin assez élégant dans sa naïveté. Quelques-uns se livrent à la sculpture sur bois ou sur ivoire, car il ne faut pas oublier que nous sommes au pays des éléphants. Ces dessins sur ivoire sont très curieux : un explorateur n'a pas été médiocrement surpris de voir à Loango, sur des pointes d'ivoire sculptées, la représentation très exacte de la tour Eiffel! N'est-ce pas le comble de la popularité?

Les Loangos sont très superstitieux. M. Dybowski (1) fut, un jour, témoin d'un acte d'incroyable sauvagerie : dans un village voisin de Loango, deux hommes furent accusés d'avoir tué leur mère : on les arrêta et on les amena au poste. Ils ne niaient pas leur crime, disant qu'ils devaient bien agir ainsi, parce que, depuis quelque temps, les hommes mouraient dans le village et que le féticheur avait déclaré que la cause en était dans la présence d'un fétiche que leur mère avait dans le ventre, et qui continuerait à exercer son action destructive, tant qu'on ne l'aurait pas extrait. Craignant pour leur propre existence, ils n'avaient pas hésité à ouvrir le ventre de leur mère, et ils nous déclarèrent qu'ils y avaient trouvé le fétiche, dont on leur avait prédit la présence. C'était une corne de bélier, que le féticheur avait eu soin de mettre au moment où on pratiquait l'opération. La femme était morte à la suite de l'opération, que l'on n'avait pas cependant pratiquée pour la tuer, mais au contraire pour la délivrer du fétiche.

La pratique du poison d'épreuve existe chez les Loangos. Lorsqu'un homme est accusé d'un méfait quelconque, on lui offre de se justifier par l'absorption d'un bol de poison. S'il est coupable, il en mourra; s'il est innocent, les dieux sauront discerner la vérité, et il n'aura rien à craindre de cette absorption.

(1) M. Dybowski, maître de conférences à l'école d'agriculture de Grignon, fut chargé, en 1891, d'une mission destinée à appuyer celle du malheureux Crampel. Quand celui-ci eut été massacré, M. Dybowski, avec 40 tirailleurs, châtia les assassins sur l'Oubangui. Le manque de vivres le força à revenir au Congo : il avait, à l'aller, suivi sensiblement le même itinéraire que la mission Marchand.

Et, effectivement, on voit, dans certains cas, le patient mourir dans d'atroces convulsions et, dans d'autres, demeurer tout à fait indemne. La raison en est que le féticheur joue ici le rôle du dieu invoqué; suivant qu'il a ou non à se venger du patient, ou bien que celui-ci l'a suffisamment payé, il lui fait absorber une décoction d'herbes parfaitement anodine, ou bien, au contraire, celle de certaines légumineuses, qui sont spécialement cultivées pour le poison d'épreuve.

Çà et là des îlots, sur lesquels se reposent des crocodiles... (page 54)

IV. — Les « moutètes » de la mission Marchand. — Les monnaies qui ont cours en Afrique. — Le départ des porteurs. — Le Sentier de la Guerre. — La Brousse. — La forêt du Mayombé..

Les bagages de la mission Marchand comprenaient un nombre considérable de colis de toute nature, mais dont le poids n'excédait pas 30 kilogrammes par caisse. Le portage, comme nous l'avons dit déjà, se faisant uniquement à dos d'homme dans l'Afrique presque entière, le poids de 30 kilogrammes est le poids maximum, que ne doit pas dépasser un colis pour être manœuvré et emporté facilement.

Les porteurs préfèrent les colis de petite taille, de forme allongée, les plus commodes à transporter; mais, comme les caisses n'affectent pas toutes et ne peuvent pas toutes affecter cette forme, les Loangos remédient à cet inconvénient en fabriquant une sorte de panier ou de nasse appelée « *moutète* », dans laquelle la charge est solidement amarrée. Ce panier, qui renferme encore un ou deux ustensiles de cuisine et quelques autres objets, se porte sur la tête ou sur les épaules.

Les Loangos étant, nous l'avons vu, très habiles dans l'art de la vannerie, fabriquent ces moutètes de la façon suivante : le palmier à huile porte de grandes feuilles composées d'une nervure centrale très solide, dont la grosseur peut atteindre celle du bras, et de folioles analogues à celles du cocotier ou du palmier-phénix, qui, dans nos régions tempérées, servent de plantes d'ornement pour nos appartements, mais qui, dans la zône équatoriale, sont des arbres géants. Les noirs prennent deux de ces feuilles, dont les nervures constituent la base de la moutète ; ils tressent les folioles qui constituent le fond ; quant aux bords de droite et de gauche, ils les font en tressant, en une natte continue, les folioles restées libres. Et le panier se trouve ainsi terminé.

Le temps normal qu'emploient les porteurs, pour effectuer le trajet de 600 kilomètres, qui sépare Loango de Brazzaville, est de vingt-cinq à trente jours, à travers une région extrêmement accidentée, et surtout infestée de brigands. Le prix du portage, par homme, est relativement peu élevé : quarante à cinquante francs pour l'aller et le retour.

Encore cette somme n'est-elle pas payée en argent,

mais en nature. Chez tous les peuples primitifs, les échanges se font, non au moyen de matières précieuses, or ou argent monnayés, mais uniquement au moyen du troc en nature. Aussi, nombre des colis de la mission Marchand ne contenaient-ils autre chose que de la monnaie, sous la forme où elle a cours dans l'intérieur de l'Afrique.

Seuls, les nègres du littoral acceptent les pièces d'argent, car ils savent en trouver le placement dans les factoreries européennes. Dans le cœur du continent noir, les monnaies d'argent ou d'or ne seraient estimées qu'en qualité d'ornements de toilette, de bijoux : mais les blancs savent que, pour les noirs, tout ce qui brille est or ; aussi se contentent-ils de monnaies moins précieuses.

Les colis de l'expédition contenaient donc : des perles de toutes couleurs et de toutes grosseurs ; des petits miroirs d'une valeur insignifiante et d'un prix inestimable pour les indigènes ; des couteaux, article très demandé, qui reviennent au fabricant à trente centimes, et que l'on revend, au minimum, deux à trois francs ; des barrettes d'étain ou de cuivre, dont les femmes et même les hommes se font des bijoux, des anneaux pour les jambes, des bracelets, etc...; du plomb, dont les noirs pêcheurs se servent surtout pour lester leurs filets, préférant pour charger leurs fusils, des fragments de barrettes de cuivre ou de morceaux de fer ; des ciseaux, des rasoirs, des hachettes, des peignes, des aiguilles, de petits coquillages ou cauris, des pierres à fusil, de la poudre ; des fusils d'une incalculable valeur, bien que l'on n'expédie que les plus vieux modèles de la création.

Voulez-vous avoir une idée de la valeur d'un fusil en Afrique? Sachez donc qu'avec un fusil à pierre ou à piston on peut avoir, sans marchander, ou bien un homme très vigoureux — car l'esclavage est toujours florissant dans le cœur du Continent Noir — ou deux femmes! (1)

Au même rang que les fusils, sont placées les étoffes, cotonnades, indiennes, etc..., et, malheureusement aussi — car les noirs empruntent plus volontiers aux blancs leurs vices que leurs vertus — les liqueurs fortes. Il est impossible de conclure un marché, de signer un traité sans faire verser d'amples rasades d'alcool.

Les Européens servent donc aux noirs les plus mauvaises eaux-de-vie allemandes et un rhum que l'on obtient en mettant un peu de caramel dans de l'alcool à bas prix : il faut ajouter que les blancs — nous voulons bien supposer que c'est par intérêt pour la santé des noirs — se chargent d'additionner, largement d'eau, toutes ces liqueurs funestes.

Il est, enfin, une catégorie de marchandises qu'on réserve pour les circonstances les plus graves, celles où il faut se concilier les bonnes grâces de quelque tyranneau nègre. C'est alors que l'on sort des caisses, les parapluies, que les noirs déploient par tous les temps — c'est le signe d'une richesse et d'un luxe

---

(1) Le prix de la femme n'est pas très élevé : une femme s'échange couramment contre deux cochons. — Avec un couteau, on peut acheter un enfant!

inouïs — les vieux casques de pompiers, les chapeaux haute-forme, que les rois portent à la manière d'un diadème; les vieux manteaux et oripeaux, qui ont traîné sur les planches des plus infimes théâtres.

Les Loangos-porteurs étant toujours payés en nature, toute la spéculation de ceux qui les emploient consiste donc dans le placement le plus avantageux possible des marchandises données en paiement. L'unité monétaire est la « cortade », dont la valeur fictive est de un franc, mais dont la valeur réelle en marchandises ne dépasse pas cinquante centimes. On donne donc, à chaque porteur, de 40 à 50 cortades pour le portage de Loango à Brazzaville : ces 40 ou 50 cortades représentent nominalement 40 ou 50 francs; mais les marchandises données comme salaire : étoffes, perles, etc., ne représentent guère plus de 20 francs. Ainsi s'explique l'intérêt que les capites et les commerçants des factoreries ont à maintenir ce mode de paiement.

Cinq cents porteurs, chargés des cinq cents charges les plus importantes de la mission Marchand, quittèrent Loango pour Brazzaville, en prenant le chemin, trop pompeusement dénommé route — n'étant qu'un sentier large à peine de 40 centimètres — qui, au sortir de Loango, s'enfonce dans la brousse. Ce sentier fut baptisé le « *Sentier de la Guerre* » par les membres de la Mission : on verra plus loin que jamais nom ne fut, hélas! mieux mérité.

Le sentier s'incline d'abord vers le Nord-Est, puis décrit de nombreux méandres, dont la nécessité s'explique assez peu. Pendant plusieurs jours, la file des porteurs, marchant l'un derrière l'autre, s'allongea interminable dans les hautes herbes.

N'eût été le froissement des herbes cassées et le bruit sourd des pas sur une terre jonchée de débris de feuilles, rien n'eût trahi la marche de la troupe des Loangos, car la brousse est un véritable océan d'herbes, dont la hauteur est de beaucoup supérieure à la taille humaine, océan sur lequel le vent dessine des vagues d'une immense amplitude, comme sur la surface de la mer. Et, perdus dans cette prairie tropicale, les porteurs n'étaient pas plus visibles qu'une couvée de perdreaux dans un champ de blé !

Ils atteignirent alors la forêt du Mayombé. Ce n'est jamais sans un sentiment de crainte bien compréhensible que l'on s'engage sous l'ombrage des premiers grands arbres qui se trouvent à la lisière. Les dangers de cette traversée sont nombreux : le premier obstacle est la forêt elle-même. Combien de fois l'exubérance de la végétation étouffe le sentier ! Combien de fois les pluies torrentielles, les ouragans, les tornades, les bandes d'animaux féroces, modifient le tracé du chemin, qu'il faut alors rétablir ! Il faut compter aussi, avec les attaques des tribus pillardes, des Boubous, des Ivilis, etc..., etc...

Laissons nos porteurs Loangos s'avancer péniblement sous la voûte de verdure qui les écrase, dans une atmosphère chaude et humide, où ils éprouvent la sensation de l'asphyxie ; laissons-les descendre les ravins, où les rochers et les troncs d'arbres offrent aux pieds des appuis trompeurs, car l'humidité constante de la forêt vierge entretient la pourriture des feuilles tombées depuis des siècles, et qui exhalent des miasmes pestilentiels; laissons-les s'empêtrer dans les lianes et dégringoler avec leurs moutètes, suivre, avec de l'eau à mi-corps, le lit d'un torrent qui sert de chemin, marcher à mi-mollets dans une boue fétide, s'ensanglanter les mains en escaladant à pic les ravins abruptes des ravins, et revenons à Loango rejoindre la mission Marchand.

Le capitaine Germain, craignant de grands retards dans le transport des charges, qui devait être terminé au moment où le commandant Marchand, resté en France, viendrait prendre la direction de l'expédition, donna l'ordre au capitaine Baratier de remonter la rivière du Niari-Kouilou, avec un certain nombre de charges, et de gagner ensuite Brazzaville; voyage extrêmement périlleux d'ailleurs et très long, mission de confiance, mission presque surhumaine, que l'héroïque capitaine accepta sans un murmure, avec cet esprit de sacrifice qu'ont tous les officiers français.

Cinq cents porteurs, chargés de cinq cents charges... (page 50)

V. — L'état civil d'un fleuve africain. — Le passage de la barre. — Les crocodiles. — Un émouvant sauvetage. — Les noirs parents des animaux. — Un nègre de « famille à requin ».

Le fleuve, que le capitaine Baratier était chargé de remonter, se nomme le Niari ; mais un fleuve africain, comme un grand d'Espagne, ne peut se contenter d'un nom. Plus modeste que le Kassaï, un affluent du Congo, et qui ne compte pas moins de *quarante* noms différents, le Niari n'a que trois ou quatre noms de baptême. Vous le trouverez donc désigné sous les noms de Niari, de Kouilou, de Kouliou, de Niadi ou de Nsadi.

L'embouchure du Niari se trouve un peu au nord de Loango ; sa longueur est de plus de 600 kilomètres et son cours a une importance spéciale, car il offre un débouché naturel à toute la région de Brazzaville et du haut-Congo.

Malheureusement, le Niari, comme tous les fleuves descendant du plateau central africain, est encombré par une série de chutes presque infranchissables, qui commencent à environ soixante kilomètres de son embouchure.

Un petit vapeur transporta le capitaine Baratier et sa petite escorte de Loango à l'embouchure du Niari. Le passage de la barre — on se souvient de ce qui a été dit plus haut de ce phénomène — fut particulièrement dramatique ; les vagues s'abattirent avec une telle force sur le pont du steam, que tous les passagers furent renversés et roulés pêle-mêle avec les bagages, sans autre désagrément que cette chute brutale (1).

La barre franchie, le capitaine prit place avec sa suite sur un autre steam, qui traînait à sa remorque un grand chaland, dans lequel s'entassèrent, en chantant et en riant, une centaine de noirs, que l'on avait recrutés comme pagayeurs.

Le bas-Niari, très large et très profond, s'étend entre deux rives où les arbres de la forêt vierge s'entremêlent avec les rochers couverts d'une luxuriante végétation. Çà et là s'étendent des îlots, sur lesquels se reposent d'énormes crocodiles, qui, de loin, dans leur immobilité, semblent des troncs d'arbres morts.

---

(1) Ce petit bateau a eu une fin tragique : en franchissant cette même barre du Niari, quelque temps après le passage de Baratier, il fut roulé par les vagues et englouti corps et biens. On voit par là que le danger de la barre n'est point imaginaire.

Au dessus du fleuve volent, à grand bruit, des oiseaux aux ailes immenses.

Les bons tireurs peuvent là s'en donner à cœur joie : les cibles ne font point défaut. Le capitaine Baratier tua plusieurs caïmans, dès les premiers jours; mais il est rare que le chasseur ait le plaisir de s'emparer du gibier qu'il a tué. Même blessé à mort, l'animal plonge sous l'eau et son corps ne reparaît que quelques heures plus tard.

Un jour, un cri sinistre jeta l'effroi dans l'âme de tous les passagers : « Un homme à la rivière! » Un malheureux nègre, en état d'ivresse, venait d'être précipité dans le Niari. « Machine en arrière! » commande le capitaine Baratier; mais le steam, en vertu de sa vitesse acquise, continue sa course pendant un temps qui paraît bien long à ceux qui voient au loin le noir se débattre au milieu du courant, et l'entendent pousser des cris de détresse. Enfin, le navire s'arrête : on se précipite au secours du naufragé, qui voyait, avec des yeux agrandis par l'épouvante, s'avancer vers lui toute une troupe de crocodiles flairant cette proie facile à saisir. Heureusement, le noir, à moitié mort de fatigue et d'effroi, fut à temps arraché à leur voracité. Cet émouvant sauvetage avait duré une demi-heure.

Les noirs ont du crocodile — et cela se comprend — une peur aussi grande que du requin. Le requin guette le noir dans la mer, le caïman se porte dans la rivière : ce sont, parmi les animaux, les deux ennemis irréconciliables des nègres.

Volontiers, les noirs se croient des liens de parenté

avec les animaux, liens plus ou moins étroits. Les singes sont leurs frères, disent-ils ; mais la race des orangs-outangs est maudite, et c'est pour cela que les orangs-outangs rossent les noirs quand ils les rencontrent. Au contraire, les singes de petite taille vivent en fort bonne intelligence avec les nègres, leurs cousins germains.

Henri Rivière (qui fut tué, en 1893, dans un combat contre les Pavillons noirs au Tonkin) commandait autrefois le petit aviso l'*Espadon*, en station sur les côtes du Gabon. Il y fut témoin d'une scène où le comique coudoie le tragique et qui montre combien les nègres du Congo sont superstitieux.

Un jour, deux de ses matelots noirs se baignaient à peu de distance de l'Espadon : l'un d'eux, fatigué, vint s'asseoir sur une des pales de la roue, les jambes pendantes ; l'autre était à deux ou trois brasses. Survient un requin : le monstre fait le tour du nageur, le flaire, ne le touche pas ; mais, happant son camarade par les pieds, il le dévore.

Du bord, les autres noirs avaient vu toute la scène. Quand leur camarade, si miraculeusement échappé à une mort horrible, monta sur le pont, on l'examina avec une défiance extrême. Les soupçons se formulèrent, et bientôt les injures les suivirent. Le capitaine sortit au bruit et se fit expliquer les faits. « Vois-tu, capitaine, dit en terminant l'orateur de la troupe, li qui nageait près requin, pas avoir été mangé ; cela pas naturel, li être de la famille à requin. » — « Oui, s'écrièrent les autres en chœur, li être de la famille à requin. » Il fallut mettre aux fers deux ou trois des plus convaincus, ou plutôt des plus démonstratifs dans leur conviction. Mais, ce matin là, la besogne se fit mal, et la journée fut morne. Le noir, que ses camarades croyaient de la famille à requin, resta à l'index, et une sourde hostilité le menaçait. Il le savait et s'éloignait le moins possible du bord, où il était à portée de la protection du capitaine.

Un après-midi, l'on envoya une pirogue à terre avec deux hommes. Il était désigné, mais il céda son tour. Aller à terre, même en service, est à la fois une distraction et un plaisir. Malheureusement, la traversée ne fut pas favorable. Il y avait à franchir la barre de la rivière et, à la troisième vague, la pirogue chavira. Un requin se remontra là encore, qui coupa le remplaçant en deux. L'autre noir fut sauvé.

Ce second incident porta à son comble l'exaspération des nègres. — C'était le requin qui avait prévenu son parent de céder son tour ce jour-là. — Ils ne se bornèrent pas aux injures, et en vinrent aux coups. Le parent à requin dut être porté à l'hopital à terre. Il en sortit au bout de trois semaines, et, à son retour, on lui fit moins mauvais visage.

Le capitaine, qui l'aimait beaucoup, car c'était un bon matelot, avait vigoureusement sévi contre les persécuteurs; sentant toutefois que ce n'était pas assez, il voulut lui donner l'occasion de se réhabiliter, et le chargea de surveiller les lignes à crocs de fer que l'on tendait le long du bord pour prendre les requins. Les noirs riaient d'un petit air capable. « — Jamais li prendre requin, capitaine », disaient-ils en se poussant le coude. Mais, voilà qu'un requin avale gloutonnement le morceau de lard passé dans l'hameçon et s'enferre. Parent à requin tire la corde, appelle à l'aide, et l'on amène le monstre sur le pont. Aussitôt on lui passe un nœud coulant à la tête, un à la queue et l'on roidit des deux côtés. Puis, on lui tranche la queue d'un coup de hache, et, avec un couteau bien affilé, on détache circulairement la tête du tronc. La tête, pleine de vie, mord et tord un halai qu'on lui met entre les dents, et le corps, tout en muscles, s'agite convulsivement.

« — Eh bien, dit aux noirs le capitaine triomphant, en leur montrant leur camarade, direz-vous encore qu'il est de la famille à requin? » Il y eut un moment d'hésitation, mais de courte durée. — « Oh! reprirent les nègres d'un ton sentencieux et en hochant la tête, li brouillé avec sa famille! »

Si les requins et les crocodiles sont les pires ennemis des hommes, il est cependant plus facile de se défendre de leurs attaques que de celles d'une légion de minuscules ennemis, contre lesquels tous, blancs et noirs, se trouvent presque entièrement désarmés.

Il vit avec effroi d'énormes araignées, velues et noires. (page 63)

VI. — Les bourreaux de la Mission. — Des moustiques sanguinaires. — Un monstre invisible : le fourou. — Une armée de fourmis. — Le noir prend sa revanche, il mange les fourmis. — Araignées et crapauds géants. — La chique.

Chaque fois que la petite troupe du capitaine Baratier campait sur un des îlots du Niari, il fallait faire bonne garde pour éviter la visite nocturne des alligators : au moindre bruit suspect, les sentinelles criaient : Alerte! Mais, les membres de la Mission ne pouvaient cependant compter sur cette protection pour les mettre à l'abri des innombrables bourreaux qui harcèlent tous les explorateurs dans l'Afrique équatoriale.

Tout le monde, en France, connaît cet insupportable insecte qu'on appelle le cousin ou le moustique, et dont les piqûres sont assez cuisantes pour réveiller les dormeurs. Or, en Afrique, les moustiques sont d'une taille beaucoup plus grosse que nos bestioles européennes ; leur bourdonnement est beaucoup plus fort, et leurs piqûres sont infiniment plus douloureuses. Aussi, Baratier et ses compagnons se protégeaient-ils par des moustiquaires, c'est-à-dire en s'enfermant dans une sorte de cage en gaze : le moustiquaire, seul, peut arrêter l'invasion de ces êtres malfaisants et sanguinaires. Encore est-il parfois inefficace, car il y a des moustiques de toute espèce et de tout calibre. « Cette nuit, dit un des membres de la Mission, j'ai fait, trois quarts d'heure durant, la chasse à un satané moustique qui s'était introduit, je ne sais comment, sous mon moustiquaire et me chargeait obstinément à coups de clairon et de dard. Je suis parvenu à le massacrer. Il faut vous dire que ces insectes sont bien autrement bruyants et meurtriers que les nôtres, J'ai le nez comme une tomate pour avoir reçu un seul coup d'aiguillon. »

Un autre explorateur prétend que jamais, si épuisé qu'il fût par la fatigue, la maladie ou la privation de sommeil, il n'a pu dormir dans un endroit où il y avait beaucoup de moustiques. Bref, personne ne tarit quand il s'agit d'invectiver ce chétif insecte, cet excrément de la terre, pour parler comme le bon La Fontaine, qui met en fureur les lions eux-mêmes.

Que dire aussi de ces *fouroux*, dont la taille est si microscopique, qu'on ne les aperçoit qu'après en avoir senti la piqûre, quand ils sont gorgés de sang : aucun tissu de moustiquaire, si serré soit-il, ne peut leur barrer le passage. Les fouroux viennent par bandes : mais, si chacun d'eux pris séparément est invisible, leurs rangs sont si épais qu'ils forment de vrais nuages que, seule, la fumée peut éloigner : mieux vaut encore être à moitié asphyxié que d'être dévoré vivant.

A mesure que l'on remontait le Niari, les myriades de ces êtres malfaisants semblaient se multiplier encore et pulluler à l'envi. Un jour, une colonne de fourmis passa près de la tente du capitaine Baratier. Qu'auriez-vous fait à sa place? Ce que fit ce brave qui, sur le champ de bataille, ne recula jamais d'une semelle. Vous auriez fui avec armes et bagages, heureux d'en être quittes pour quelques morsures cuisantes comme des brûlures d'acide et qui font hurler les plus patients : et bien vous en aurait pris.

Savez-vous ce que sont ces terribles fourmis africaines? Ce sont d'énormes insectes, dont la bouche est armée de pinces en forme de hameçons et qui pénètrent si avant dans les chairs, que, lorsqu'on se débarrasse de ces bourreaux, le corps vous reste dans la main et la tête dans la plaie. Le nombre de ces fourmis est tel, que le défilé d'une colonne dure plusieurs heures. Quand elles pénètrent dans une tente, il faut s'armer de patience et attendre la fin du défilé: ni eau bouillante, ni cendre chaude n'auraient raison de ces ennemis. L'armée, qui longea la tente de Baratier, s'étendait à perte de vue.

C'est, en effet, l'habitude de ces fourmis que l'on appelle les « bashikouais », de marcher sur une longue file assez large et longue de plusieurs kilomètres. On dirait une armée en marche : les plus vigoureuses marchent sur le flanc de la colonne, comme les officiers, et maintiennent l'ordre et la discipline. Une proie se présente-t-elle, les bashikouais font un changement de front et se déploient en un vaste demi-cercle : souris, crapauds, lézards, serpents, chiens, gazelles, singes sont en un clin d'œil dévorés par ces affamées qui ne laissent derrière elles que des squelettes — admirables pièces anatomiques. Lorsque les noirs aperçoivent les bashikouais, ils se sauvent à toutes jambes et parfois ne trouvent de refuge que dans l'eau : il y va de la vie à rester en place ! Toutefois, quand l'armée est en marche, elle ne se détourne que rarement de la proie qu'elle poursuit ; aussi peut-on assez souvent l'éviter en se rangeant à droite ou à gauche de la colonne.

Si les noirs éprouvent, à la vue des bashikouais, une terreur bien légitime, lorsqu'ils aperçoivent une armée de « ntchouyous », ils poussent au contraire de grands cris de joie. Les ntchouyous sont des fourmis plus petites que les précédentes, moins méchantes et excellentes à manger... pour des nègres. Dès que l'armée des ntchouyous est signalée, les noirs se mettent à nu, s'enduisent le corps d'une résine qui a la propriété de les préserver des morsures ou du moins d'en atténuer le feu. Armés d'une écuelle, ils en ramassent des milliers qu'ils jettent dans des calebasses d'eau bouillante. On pile ensuite ce gibier avec une herbe, dont le goût rappelle celui de la chicorée, et les noirs se régalent !

Nous n'en finirions pas, si nous voulions continuer

la description des insectes qui martyrisèrent nos vaillants explorateurs. Il nous faut cependant parler des araignées, dont le nombre d'espèces est incroyable : la plus redoutable est une énorme araignée jaune, rayée de noir, qui tisse des toiles où se prennent de petits oiseaux.

Un des membres de la Mission s'arrêta à la mission catholique de Bouenza, où il reçut un accueil très cordial de la part des Pères (1). On lui donna une petite chambre aux murs blanchis à la chaux, où, la nuit tombée, il se retira. A peine eut-il allumé sa lampe qu'il vit, avec effroi, descendre lentement d'énormes araignées velues et noires, dont quelques-unes avaient jusqu'à *dix centimètres* d'envergure.

Aussi inoffensifs, mais aussi répugnants, les crapauds qui, la nuit, par douzaines, s'introduisaient sous la tente des explorateurs, sautillant, gambillant, croassant à qui mieux mieux. Marchand, lui-même, ne se cache pas pour raconter quel sentiment de dégoût il éprouvait, quand, se levant la nuit, son pied se posait sur une de ces énormes bêtes élastiques et froides qui s'aplatissait sous son poids!

Inoffensifs encore, mais combien répugnants aussi, les mille-pattes du Congo, qui atteignent trois à quatre centimètres de long sur un à deux d'épaisseur, et les cancrelats, et les margouillats, et les centri-

---

(1) On ne saurait trop admirer l'abnégation de ces religieux, qui vont se fixer, sous un ciel meurtrier, au milieu de populations souvent antropophages : ils arrachent à l'esclavage ou à... la marmite, des centaines d'enfants, dont le sort ou la mort seraient horribles. Ils enseignent notre langue et leur admirable douceur, leur héroïsme commencent la conquête de l'Afrique, dont ils font, pour ainsi parler, le défrichement moral.

pèdes, et les cent espèces de poux et de punaises et de termites! Pour en finir avec cette légion de monstres minuscules, nous ne parlerons plus que de la « chique ». La chique, ou puce pénétrante, foisonne par milliards dans le sable; elle s'introduit sous l'ongle du gros orteil, s'y installe, y pond ses œufs, y fait souche nombreuse et, pour se nourrir, mange les parois de sa maison, comme le rat de La Fontaine dans son fromage de Hollande, c'est-à-dire ronge la chair du pied. Certains noirs ont, du fait de ce terrible locataire, perdu la moitié des orteils. Dès que l'on sent la piqûre de la chique, il faut s'empresser de taillader la chair et d'en arracher au plus tôt l'horrible animalcule.

Telles étaient, entre mille, quelques-unes des petites souffrances qu'enduraient alors, et qu'endurèrent pendant tout leur voyage, tous les membres de la mission Marchand.

Des arbres ont été jetés sur des torrents. (page 72)

VII. — Pirogues et pagayeurs. — Les rapides du Niari. — Un noyé. — Description de la forêt vierge. — Un facteur qui est le bienvenu.

Comme on approchait de la région des chutes et des rapides du Niari, il fallut quitter le navire à vapeur pour s'embarquer sur les pirogues : les noirs, au torse large, aux bras robustes, qui, jusqu'alors, étaient restés inactifs dans leur chaland, allaient avoir à travailler à leur tour... comme des nègres.

Les pirogues sont des canots très longs et effilés, creusés par les indigènes dans d'immenses troncs d'arbres : les deux extrémités font plate-forme. La largeur ne dépasse pas 90 centimètres, la profondeur 50 centimètres, l'épaisseur 7 centimètres : la longueur atteint jusqu'à 20 à 22 mètres. Chaque pirogue, suivant sa grandeur, exige de dix à vingt piroguiers, armés d'une petite rame en forme de pelle, qui ne porte pas comme la rame ordinaire sur l'embarcation, et qu'on appelle pagaie.

Les pagayeurs se tiennent tantôt assis, tantôt debout dans le canot : un des rameurs, à la poupe, se sert de sa pagaie comme d'un gouvernail. Dans les endroits où le lit du fleuve est hérissé de rochers, on se sert surtout de la perche, ou « tumbô », longue de cinq à six mètres. Deux ou trois hommes en sont munis et se placent à la proue : ils se servent de cette perche avec la plus grande habileté, et, s'appuyant de toutes leurs forces sur le roc, sur les troncs d'arbres, ils impriment à la pirogue une vitesse beaucoup plus grande que celle que lui donneraient les pagaies.

Quant aux passagers et aux bagages, on les installa, tant bien que mal — plutôt mal que bien — entre les pagayeurs et les pousseurs, qui ne se faisaient pas faute de les inonder de la belle manière, si bien que les malheureux étaient mouillés et salis par ces éclaboussures, tandis que l'eau qui baignait le fond de la pirogue les forçait à tenir leurs pieds dans une boue semi-solide, semi-liquide : tout n'est pas rose dans le métier d'explorateur !

Les noirs, donc, pagayaient en chantant une mélopée monotone, mais non désagréable, quand les pirogues atteignirent les premiers rapides. Nous avons dit que tous les fleuves, descendant du plateau africain, étaient encombrés de rapides et de chutes à l'endroit où ils quittent les hautes terres pour tomber dans la plaine côtière. Tout le monde a remarqué que l'eau d'une rivière, d'un ruisseau, même l'eau qui coule sur une route, après une forte averse, forme, si elle se heurte à des cailloux, de minuscules cascatelles, et des remous, où tourbillonnent brindilles et feuilles mortes : eh bien, c'est ce qui se passe en grand dans les fleuves africains.

Le cours du Niari, à l'endroit des rapides, tantôt s'élargit sur huit cents à mille mètres, tantôt se resserre, s'étrangle entre deux parois de roches abruptes ; quand l'eau rencontre les roches qui hérissent son lit, elle s'exaspère, mugit, écume, tourbillonne, court avec la vitesse d'un cheval au galop, si bien qu'une embarcation qui heurterait une pointe de roc, serait brisée en mille pièces. Il n'est pas rare de voir des alligators et des hippopotames, entraînés par le courant, se faire broyer dans les rapides.

Quand l'eau n'était pas trop profonde, les noirs se jetaient à la rivière, gagnaient les rochers, et, à l'aide de cordes, halaient les pirogues pendant que les pousseurs s'enlevaient sur leurs tumbôs pour lutter contre la violence du courant. Mais, combien cette marche était lente ! Encore n'avait-on pas atteint les cascades de Koussounda, où le Niari tombe de plusieurs mètres de hauteur entre deux murailles de rochers. Il fallut alors décharger les pirogues, transporter par terre à dos d'homme tous les colis et tirer les embarcations sur la rive : l'une d'elles chavira au moment où on la hissait sur la pierre, et un malheureux pagayeur se noya dans les flots du Niari.

Pour ne pas imposer aux piroguiers une peine inutile, les blancs avaient quitté les canots et suivaient une route tracée dans la forêt du Mayombé, cette même forêt que les porteurs Loangos avaient atteinte après quelques jours de marche à travers la brousse. Mais, des centaines de kilomètres séparaient les Loangos des pagayeurs du capitaine Baratier : entre eux s'étendait l'immensité de la forêt vierge.

Il est difficile de se figurer la forêt vierge équatoriale, qui, si longtemps, a opposé à la pénétration européenne, dans le cœur de l'Afrique, un obstacle infranchissable. Toute la nature prend sous le soleil ardent, et dans l'atmosphère saturée d'humidité de l'équateur, des proportions gigantesques. Stanley, dans son voyage au Congo, a traversé, dans toute sa largeur, une forêt vierge qui couvrirait entièrement la France et l'Espagne : la traversée d'Ouest en Est de cette grande sylve ne dura pas moins de *cent quatre-vingts jours!* Cette forêt, comme celle du Mayombé, n'est qu'une partie infime de la zône forestière qui enserre le globe d'une vaste ceinture verte, noyée d'humidité, et se retrouve en Amérique sur le parcours de l'Amazone, et en Océanie dans l'archipel Malais.

Dans la forêt vierge, les arbres luttent pour la vie avec une vigueur prodigieuse : il s'agit en effet, pour eux, de prendre leur élan vers le soleil et de ne pas se laisser étouffer par leurs rivaux. Aussi, quels efforts! quel acharnement de la part des forts! quel débordement de vie chez les vainqueurs! quelle orgie de frondaison! Les plus petits arbres ont six mètres de hauteur, les plus grands dépassent soixante mètres. Certains arbres ont trois, quatre et cinq mètres de diamètre : leurs cimes, extrêmement touffues, sont si

Les essences les plus variées se rencontrent dans cet enchevêtrement féerique... (page 72)

rapprochées les unes des autres et si enchevêtrées, qu'elles forment un dôme de verdure impénétrable à la lumière du soleil. Les troncs des arbres s'élancent tout droits en jets parallèles, pressés, serrés les uns contre les autres, enlacés par un inextricable fouillis de lianes, s'enroulant autour des fûts ou lancées d'un arbre à un autre, comme les cordages dans une mâture, montant jusqu'aux plus hautes branches pour rendre la voûte plus épaisse encore et plus sombre, puis, de là, retombant comme un rideau à quelques pieds du sol.

Ce n'est pas tout encore : à ce fouillis de troncs et de lianes, ajoutez un impénétrable entrelacs de bambous, de raphias, d'owalos, d'ézigos, de m'pamos, de fougères arborescentes ; sous cette féconde forêt, abritée par la première, il s'en trouve une troisième formée de buissons nains, de ronces, de rhododendrons, d'acoumés, de hautes herbes. Songez maintenant que toutes ces lianes, toutes ces branches, toutes ces ramures sont tapissées de mousses épaisses, que sur chaque rameau poussent des choux géants et des plantes à feuilles gigantesques, que l'on appelle plantes à oreilles d'éléphants ; que sur la terre s'étend un tapis de fleurs et d'herbes, mais un tapis qui cède sous le pied, car le sol est un sol de vase, un sol de marais, où règnent tous les insectes malfaisants, où vivent les araignées et les crapauds géants, où rampent cent espèces de serpents, où se vautrent les crocodiles et les hippopotames, où s'agite un pullulement de vie animale sous toutes ses formes, et vous aurez une faible idée de la forêt vierge africaine.

Les essences les plus variées se rencontrent dans cet enchevêtrement féerique d'arbres géants, de tiges, de branches, de racines : ici, sont les baobabs, les ébéniers, les santals, les tecks, les acajous, les bananiers, les bambous, les palmiers à huile, les palmiers à vin, les palmiers éventails, les palmiers géants, dont les feuilles ont une surface de cinq à six mètres carrés, et dont la fleur, composée de plusieurs millions de florules, est haute de dix à douze mètres ; là, le bois de fer et un hêtre qui, vert, se coupe au couteau, et qui, en séchant, devient dur et poli comme le marbre ; çà et là des citronniers, des orangers, des figuiers sauvages ; et, quand la forêt s'avance jusqu'aux rives d'un fleuve, aux essences précédentes s'ajoutent les mangliers, les palétuviers, les joncs, les roseaux, les papyrus.

La petite troupe du capitaine Baratier dut, au passage des cascades de Koussounda, cotoyer la rive du Niari. L'impénétrabilité de la forêt vierge eût opposé un obstacle presque infranchissable à nos hardis officiers, ou, du moins, eût considérablement ralenti leur marche, s'ils n'eussent trouvé une route tout récemment créée, l'année précédente, par un habile et entreprenant administrateur colonial, M. Fondère. Des arbres ont été jetés sur les torrents, en guise de ponts, la forêt a été cintrée, des rochers entaillés et une route, assez praticable en somme, serpente tantôt dans l'ombre de la forêt, tantôt en pleine lumière sur une corniche surplombant le Niari, qui l'éclabousse de son écume. La petite troupe du capitaine Baratier s'engagea sur cette route, guidée par M. Fondère lui-même, qui s'était joint à nos soldats à Loango. Malgré les commodités qu'offrait ce chemin, il ne laissait pas que d'être périlleux : certains membres de la Mission en firent la douloureuse expérience à leurs dépens, ayant été précipités dans le fond d'un ravin. Ils furent, d'ailleurs, assez heureux pour en être quittes à assez bon compte.

Depuis son entrée dans le Niari, ni sur les rives du fleuve, ni dans la forêt du Mayombé, la petite colonne ne rencontra d'indigènes : cependant, on sait que ces régions sont habitées.

La première figure humaine que l'on aperçut — et qui fut, on le devine sans peine, accueillie avec de bruyantes démonstrations de joie — fut celle d'un petit négrillon, qui, à travers bois, avait rejoint l'avant-garde du capitaine Baratier, pour lui apporter des lettres de France.

Ce brave petit messager portait l'uniforme des facteurs du centre de l'Afrique — dans ce pays du soleil, il ne faut s'étonner de rien — c'est dire qu'il était tout nu. Je vous laisse à penser s'il fut fêté et choyé.

Songez donc! Etre éloigné par des milliers de lieues de ceux qui vous sont le plus chers, être perdu dans la solitude de la forêt vierge, se croire seul au monde et, tout à coup, tenir dans ses mains et porter à ses lèvres un petit carré de papier qui vient de France, qui vous apporte quelque chose de l'âme des vôtres!

Que d'idées il évoque, ce petit carré de papier! Tout en parcourant la lettre, à travers le voile que l'émotion et la joie mettent sur les yeux humides, on revoit ceux que l'on a quittés depuis si longtemps. Pendant quelques instants — instants trop courts, mais instants délicieux — on est transporté, sur l'aile de la pensée, dans l'intérieur familial, où fut écrite cette lettre, que l'on serrera bien précieusement, comme un talisman, sur son cœur.

La vieille mère est là, qui rêve toujours à l'absent, en contemplant une photographie, qui ne la quitte jamais et qu'elle embrasse sans cesse ; le père, penché sur la table où il écrit, est bien ému lui aussi, mais il ne veut pas le laisser voir, et son écriture est à peine tremblée. Tous deux sont en bonne santé ! O bonheur ! Mais, hélas ! la date de la lettre est déjà bien ancienne : un mois, deux mois, trois mois se sont écoulés depuis qu'elle a pris son vol vers l'enfant bien aimé, que les parents ont laissé partir, puisque la Patrie le leur demandait, mais que l'on pleure quand même en secret. N'est-il rien survenu dans ce long espace de temps ?

Une réponse immédiate va partir ; mais qui sait quand elle viendra apporter aux vieux parents, s'ils vivent encore, les baisers mouillés des larmes de l'absent ? Dieu seul sait si même elle arrivera à destination !

Encore l'expédition Marchand n'en est-elle qu'à ses débuts : que sera-ce, plus tard, quand elle se sera enfoncée au cœur de l'Afrique et que les missives, parties au mois de juillet, verront à peine la terre de France pour le premier janvier ?

Que d'angoisses ! Mais aussi quelles joies !

Le lendemain de son arrivée, le courageux petit

facteur repartait, emportant à la Patrie, à la famille, aux amis, des nouvelles de ceux qui, volontairement, héroïquement, avaient accepté les douleurs et les amertumes de l'exil : aussi longtemps qu'ils purent voir s'éloigner le négrillon, joyeux et insouciant des mille périls de la route, les yeux fixés sur lui, l'âme envolée là-bas, bien loin, ils restèrent tous dans un silence religieusement impressionnant.

Mais, quand la petite silhouette noire se fut perdue dans les ténèbres de la forêt : « Et maintenant, à l'œuvre ! » s'écria le capitaine Baratier. La trêve finie, la guerre aux dangers recommençait.

On danse autour d'un immense foyer. (page 79)

VIII. — Une Majesté Noire. — La tombe d'un officier français. — Un campement. — Un Tam-tam enragé. — Ce que c'est qu'un palabre. — Une autre Majesté : un Énée et un Anchise noirs.

Les naturels des rives du Niari finirent, cependant, par se rendre moins invisibles, et apportèrent à la petite troupe des vivres qui furent bien accueillis, étant frais et permettant aux estomacs de se délasser un peu des conserves de viandes et de légumes. On leur acheta, pour quelques cortades d'étoffes, manioc, bananes, poules, moutons, etc... A partir de ce jour, les vivres se renouvelèrent de façon assez régulière, car les chefs des villages — selon la tradition africaine — apportaient pour témoigner de leur soumission qui des poules, qui des fruits. Le poisson ne manquait pas : les pêches même étaient miraculeuses, se faisant par l'éclatement d'une cartouche de dynamite, qui foudroyait tous les poissons à la ronde.

Un des chefs noirs se présenta au capitaine avec, sur la tête, un chapeau de feutre cabossé, déformé, rougi, et, sur le corps, un vieil uniforme de cavalerie élimé, effiloqué et infiniment trop large pour sa majesté noire. Spectacle, en vérité, fort réjouissant ; mais eût été mal reçu celui qui se serait permis de rire trop ostensiblement de ce ridicule accoutrement.

Tous les indigènes, riverains du Niari, parlent les différents dialectes de la langue loango : mais les Français avaient un interprète, N'zao, qui semblait moins fier de sa science linguistique que des culottes en calicot rouge et des invraisemblables gilets qu'il excellait à se fabriquer lui-même. N'zao parlait couramment le loango et s'exprimait en un français « petit nègre » très suffisant, à tout prendre.

Cependant les jours passaient, et les pirogues ne sortaient pas de la région des rapides. De nouveaux accidents se produisirent; le 23 juillet, une embarcation chavira dans un rapide qui, pendant un instant, engloutit hommes et bagages. Les noirs sont presque tous des nageurs de première force ; d'aucuns furent blessés, d'autres à moitié asphyxiés, par miracle aucun d'eux ne périt.

L'année précédente, au même mois de juillet, au même endroit, un vaillant officier de notre marine de guerre, le lieutenant de vaisseau Fernand Besançon, se noyait dans les remous du rapide. Sa fosse est creusée près du fleuve : point de pierre tombale fastueuse, point de ci-gît prétentieux; un tas de grosses pierres et une croix noire avec une inscription en lettres blanches, et c'est tout ce qui rappelle que, dans ce coin perdu de l'Afrique, dort un héros.

Le souvenir de ce soldat, mort pour la Patrie, n'est point effacé de la mémoire des hommes : le capitaine Baratier ne pouvait passer devant cette tombe qui renfermait un de ses frères d'armes — car dans l'armée, cette grande famille, tous les soldats sont frères — sans venir s'incliner respectueusement devant elle, et apporter à ce martyr de l'Afrique le salut de la France. Ce ne fut pas sans une émotion intense qu'il déposa sur les bras de la croix la couronne de palmes, que lui et ses compagnons avaient tressée eux-mêmes. Il pria sur cette tombe rustique, et, loin de se laisser aller au découragement, en songeant à la mort qui avait si traîtreusement arrêté son aîné sur cette voie si périlleuse, où lui-même s'engageait, il puisa au contraire dans cette prière et dans ce souvenir une vaillance nouvelle (1).

Entrée dans la région des rapides, le 10 juillet, la petite troupe n'en sortait que le 25 ! Aussi, le capitaine résolut-il d'accorder, à tous, quelques jours de repos à M'Tiguy, un des grands villages des indigènes Bacougnies. On campa à quelque distance du village, à proximité du Niari.

L'organisation d'un campement n'est pas, pour un chef d'expédition, une mince préoccupation. A peine est-on arrivé à l'endroit de la halte, que chacun doit immédiatement s'occuper de la fonction qui lui est

(1) La tombe est soigneusement entretenue par les indigènes : elle est perdue au milieu des hautes herbes, mais tout à l'entour s'étend un large espace en terre battue.

d'avance assignée. Les uns procèdent immédiatement au débroussement; les autres vont, munis de seaux, faire les provisions d'eau ; d'autres vont couper le bois qui servira pour la cuisine et pour la sécurité du campement, car les feux resteront allumés la nuit entière. Les noirs ne faisant pas toujours bon ménage ensemble, les places, que chaque groupe doit occuper, sont désignées d'avance, pour éviter toute discussion sur le choix de l'emplacement.

Malgré cette précaution, Baratier dut, plus d'une fois, intervenir pour mettre le holà entre mauvais coucheurs qui se fendaient mutuellement la tête à coups de pagaies. Les paroles de paix étant parfois insuffisantes, il se présenta, un jour, le revolver au poing, pour séparer les Loangos des Mayombas qui se préparaient à se livrer une vraie bataille rangée. Les jours de distribution de tafia ou de rhum, l'ordre était encore beaucoup plus pénible à rétablir.

Les nègres ont une singulière façon de comprendre le repos : les deux jours que le capitaine leur avait accordés, ils les passèrent à courir le pays. En leur honneur, les Bacougnies organisèrent même un grand « *Tam-tam* ». Le Tam-tam est une fête de nuit, dont le programme est des plus simples, car les Africains, avides de plaisir et de bruit, n'ont guère d'autres divertissements que la danse, la musique et les chants.

La foule des noirs se réunit autour d'un grand feu, et, à partir du moment où la nuit tombe, jusqu'à trois ou quatre heures du matin, on danse autour d'un immense foyer. Les danseurs ont leurs parures de fêtes : souvent ils sont peints et ornés d'objets bizarres ; les hommes, seuls, exécutent les danses de chasse et de guerre, mais les femmes participent à toutes les autres danses qui ont lieu par couples, par groupes, par files ou par grandes masses.

Les chants, ou plutôt les beuglements et les glapissements que l'on scande en battant des mains en mesure, et le son cadencé des tambours, sur lesquels on frappe avec les mains ou avec un martelet de bois, accompagnent ces danses que les lueurs sanglantes des flammes, éclairant les ébats de ces noirs démons, rendent fantastiques.

Parfois, les joueurs de trompe exécutent quelque intermède : ces artistes aux poumons vigoureux soufflent dans d'immenses trompes de bois, longues comme des défenses d'éléphant, et s'ingénient, avec une véritable virtuosité, à produire tantôt des sons comparables aux rugissements des lions ou aux barrissements des éléphants, tantôt des sons plus doux que la brise qui berce mollement les herbes de la brousse.

Mais la danse a toutes les faveurs des noirs, et quelle danse ! Une véritable ronde d'épileptiques. Un bon danseur noir semble un pantin, dont un enfant tire toutes les ficelles à la fois : les bras se lancent dans vingt directions, les jambes prennent les positions les plus invraisemblables, et les clowns les mieux désarticulés ne font pas le grand écart avec plus de facilité. Ce n'est plus de la danse, c'est de la dislocation !

En Afrique, comme en Europe, il est bien rare

qu'aucun incident fâcheux ne vienne troubler la plus belle des fêtes. L'ivresse — un vice malheureusement universel — amena une rixe entre les pagayeurs et les Bacougnies : des coups de couteau furent donnés et reçus à l'issue du Tam-tam. Un des chefs d'équipe fut rapporté au campement assez grièvement blessé. Le capitaine Baratier, ne pouvant laisser ce fait impuni, manda devant lui le chef des Bacougnies. Ce fut l'occasion d'un *Palabre*.

Disons, à ce propos, ce qu'il faut entendre par ce mot, si souvent employé dans les relations des voyages en Afrique. En principe, le palabre est une discussion qui s'élève entre noirs, ou entre noirs et blancs, et qui doit se terminer par un jugement. Le mot palabre désigne aussi bien le *procès* que le *tribunal qui le juge*. Le règlement de ces palabres dure invariablement de longs jours; il est l'occasion d'interminables discussions qui amènent de nouveaux palabres plus interminables encore. Dans son acception, la plus générale palabre signifie toute *entrevue entre blancs et noirs*. On a même forgé le mot « *palabrer* », qui signifie parler.

Cité devant le tribunal du capitaine Baratier, le vieux chef indigène ne pouvait se dispenser de comparaître en personne. Mais un monarque — surtout quand il est vieux et perclus de rhumatismes — ne voyage pas à pied comme un noir vulgaire. Aussi le chef arriva-t-il en pompeux équipage..

Ne songez pas aux somptueux carosses de Louis XIV ou de Napoléon Ier; ne songez même pas aux très modestes fiacres de nos villes, pas même aux pataches de la province, vous seriez au dessus de la réalité. Dans ces pays primitifs, l'homme remplace la bête et porte l'homme : le roi des Bacougnies était jeté, comme un paquet informe, dans une sorte de hamac, dont les attaches étaient fixées aux extrémités d'une longue perche que deux nègres vigoureux portaient sur leurs épaules. C'est dans ce véhicule que se trouvait Sa Majesté, la tête coiffée en guise de diadème d'un vieux casque colonial, dont la blancheur primitive avait fait place à une couleur du plus beau sale, le cou entouré d'un affreux collier de verroterie.

En tête du cortège, venait une troupe de Bacougnies, apportant des présents destinés à amadouer les blancs ; en queue se trouvait la famille royale, sa femme, ses enfants, son frère. Quand on eut déposé à terre, avec force précautions, le corps parcheminé et presque paralysé du vieux chef, le palabre commença.

Tout d'abord, le capitaine refusa d'accepter les présents, voulant savoir d'où venaient les torts. Il s'assit en face du chef. Entre eux se plaça l'interprète qui traduisait les demandes et les réponses. Après avoir ouï les témoins à charge et à décharge, le capitaine, élevé au rang de président de tribunal, rendit son jugement : le roi était condamné à faire apporter, le lendemain matin, dix charges de manioc et dix charges de bananes. Le blessé recevrait une sérieuse indemnité, et, pour plus de garantie, le chef serait gardé en otage jusqu'au paiement intégral.

Ni les noirs, ni les blancs n'avaient intérêt à vivre

en mauvaise intelligence : si la paix n'eût été conclue et acceptée de bonne grâce, le capitaine eût dû avoir recours aux mesures de violence qui auraient prévenu contre lui tous les indigènes : ceux-ci auraient fui à son approche, et les vivres auraient fait défaut. L'affaire se termina au mieux des intérêts de tous : le lendemain matin, le tribut était solennellement apporté au campement français.

Heureux d'être libre, le vieux chef se serait enfui à toutes jambes si la paralysie ne lui avait enlevé ce moyen de témoigner de son ravissement. Sans lui laisser le temps de remonter dans son équipage, son fils, nouvel Enée, le prit à califourchon sur ses épaules, et tous deux — tableau comique peut-être, mais touchant néanmoins — ne tardèrent pas à s'enfoncer dans les hautes herbes de la brousse.

Après avoir quitté le campement de M'Tiguy, la petite troupe reprit la voie du Niari. Nous ne la suivrons pas plus longtemps dans sa périlleuse odyssée : que l'on sache seulement que, le 5 septembre, au prix d'efforts surhumains, elle arrivait avec ses 800 charges à Kimbiédi. Là, des nouvelles inquiétantes de gravité, parvinrent au capitaine Baratier.

Il se fait porter par des nègres... (page 92)

IX. — Déception du commandant Marchand. — Mabiala le fourbe. — Comédies sinistres. — Les isolateurs des poteaux télégraphiques. — Révolte générale. — L'état de guerre. — Le commandant Marchand arrive mourant à Loudima.

Le commandant Marchand, parti de Marseille le 25 juin 1896, arrivait plein de confiance, car les derniers télégrammes lui permettaient d'espérer qu'au moment où il mettrait le pied sur la terre d'Afrique, sa Mission serait sinon arrivée, du moins sur le point d'arriver à Brazzaville, le point fixé pour la concentration. Hélas ! une désillusion l'attendait, d'autant plus cruelle que son espoir avait été plus vif. Le 20 juillet, le paquebot fit escale à Libreville : quelle ne fut pas la stupeur de Marchand en voyant venir à lui quelques-uns de ses officiers, qu'il croyait à Brazzaville, et qui lui annonçaient que l'expédition tout entière se trouvait compromise par une révolte générale de tout le pays du Mayombé!

Cette révolte avait des causes singulières. Voici ce qui s'était passé vers le milieu du mois de mai 1896. « Depuis quelques années, dit un rapport de l'adjudant de Prat, la route de Loango à Brazzaville était devenue impraticable et dangereuse pour les caravanes, aussi bien pour les porteurs noirs que pour les Européens... je dis dangereuse, par suite des exactions, brutalités, vols, et quelquefois assassinats, dont ils étaient les victimes de la part des chefs des villages, qui les rançonnaient à leur aise... »

L'un de ces brigands, le plus fécond en ruses, était Mabiala (ou Mabala ou Mabiela), chef de la région de Macabandilou. Très intelligent, il n'appliquait son intelligence qu'au mal. Il avait remarqué que la plupart des tentatives de révoltes se terminaient par un palabre dans lequel, après avoir morigéné le coupable, on lui distribuait des cadeaux avec une certaine générosité. Mabiala trouva là un excellent filon qu'il exploita consciencieusement, jusqu'à ce que ses ruses fussent éventées : on se lassa de lui acheter des soumissions trop fréquentes.

Quand ce manège malhonnête prit fin, le fourbe en inventa un autre. La route de Loango à Brazzaville est, nous l'avons dit, sillonnée par des porteurs de marchandises, parfois même par des Européens, soldats ou commerçants, que leur devoir ou leur commerce appelle sur le Congo ou sur l'Oubangui. Dès que l'entrée de la caravane était signalée dans la forêt du Mayombé, Mabiala organisait de véritables comédies et, en auteur fécond, il en variait savamment les dramatiques et burlesques péripéties.

Au moment où la file des porteurs était engagée dans l'enchevêtrement de la forêt vierge, tout à coup surgissaient, de derrière les grands arbres, les indigènes de quelque tribu, qu'avait soudoyés Mabiala pour cette entreprise peu périlleuse, étant donné la lâcheté des Loangos. Dès que la troupe était cernée, on entendait au loin des coups de fusil et des cris épouvantables : c'était Mabiala qui, à la tête d'une petite troupe, venait au secours des porteurs que ses complices avaient attaqués.

Avec les Européens, plus méfiants, le brigand se mettait en frais d'une mise en scène plus compliquée : les compères, après avoir fait prisonniers tous les blancs de la caravane et les avoir ficelés avec des lianes, se mettaient à danser en brandissant leurs armes, en gesticulant et en roulant des yeux féroces, autour des blancs terrifiés. Puis, la ronde s'arrêtait et le martyre — ou plutôt la parodie du martyre — commençait.

Les bourreaux aiguisaient leurs couteaux, s'approchaient de leurs victimes, leur tiraient la barbe et, leur rejetant brusquement la tête en arrière, ils promenaient le fil de l'acier sur leur cou tendu, en n'effleurant que l'épiderme. Les malheureux, affolés, recommandaient leur âme à Dieu, ne comptant plus, pour leur salut, que sur un miracle. C'est à ce moment que surgissait Mabiala, le sauveur, qui mettait en fuite les bourreaux et rassurait hypocritement les victimes.

Le tour était joué : dans les deux cas, la reconnaissance des sauvés s'exprimait par des cadeaux que Mabiala acceptait sans pudeur, et qu'il allait immédiatement partager avec ses complices qui l'attendaient dans la forêt.

Au mois de mai, le lieutenant gouverneur du Congo, M. Dolisie, avait, en faisant une tournée d'inspection, remarqué la disparition des isolateurs en porcelaine qui soutiennent les fils des poteaux d'une ligne télégraphique. Son enquête lui démontra que l'auteur du larcin était le trop fameux Mabiala. Ce fut l'occasion d'un palabre et le chef du Macabandilou répondit, avec une naïveté bien jouée, que les féticheurs lui avaient ordonné d'enlever ces morceaux de porcelaine blanche qui irritaient les dieux et *empêchaient la pluie de tomber!*

M. Dolisie, pour punir le voleur, lui enleva la batterie du fusil à pierre qui ne quittait jamais le grand chef et qui, à côté des armes primitives de ses sujets, était une arme divine. La batterie fut déposée au poste voisin de Comba. Aucune autre punition n'eût mortifié davantage Mabiala, qui, pour se venger de son humiliation, attaque le courrier qui, de Loango, porte à Brazzaville, et plus loin encore, les correspondances administratives et les lettres privées. Le porteur du sac de dépêches est assassiné, le soldat indigène qui lui sert d'escorte, blessé, et le sac contenant les missives, enlevé.

Cyniquement, Mabiala fait savoir au chef du poste de Comba, qu'il est prêt à rendre le sac contre sa batterie. Après d'assez longues négociations, les nègres excellant dans l'art de traîner les choses en longueur, on échange la batterie contre le sac de dépêches, d'ailleurs intact.

Cependant, le soldat blessé continue sa route et arrive à Brazzaville, où il raconte le guet-apens dont il a été une des victimes. Le commandant du poste de Brazzaville, ignorant les conventions acceptées par le poste de Comba, lance immédiatement à la poursuite de Mabiala une compagnie de tirailleurs soudanais qui devait, quelques jours plus tard, partir pour assurer le service des postes de l'Oubangui.

A titre d'exemple, deux ou trois villages sont incendiés, mesure terrible sans doute mais nécessaire, les indigènes ne s'inclinant que devant la force. D'ordinaire, cette petite flambée des cases indigènes produit le meilleur effet, les noirs étant comme ces enfants capricieux et méchants, dont une bonne fouettée modifie heureusement le caractère ; mais, cette fois, la répression fut plus qu'inefficace, elle devint désastreuse par ses conséquences.

A la voix de Mabiala, qui, dans toute la contrée était respecté et redouté, les indigènes se soulèvent en masse et massacrent deux caravanes de porteurs qui, dans l'ignorance de tous ces événements dramatiques, étaient arrivées jusqu'à Macabandilou.

La nouvelle de cet épouvantable désastre se répand comme une traînée de poudre à travers tout le pays. Les Loangos, qui portaient les cinq cents charges de la mission Marchand et que nous avons laissés s'avancer dans la forêt du Mayombé, redoutant un sort semblable, jettent leurs charges dans la forêt ou dans la brousse, et s'enfuient affolés. Les autres porteurs, qui faisaient partie de la même caravane et qui effectuaient le portage de nombreuses charges appartenant aux commerçants des factoreries ou à l'administration des colonies, jettent eux aussi leurs moutètes et retournent les uns en leurs villages, les autres à la côte, où ils mettent les autorités françaises au courant des événements.

Il faut agir avec promptitude. Le commandant Marchand sait qu'il n'a pas une minute à perdre : il faut — la France l'attend de lui — qu'il plante le pavillon tricolore à Fachoda avant l'arrivée des Anglais. Il a promis de réussir ou de mourir : il fera honneur à sa parole de soldat.

Il envoie donc le lieutenant Mangin occuper Comba et Macabandilou; il demande à M. de Brazza, commissaire général du gouvernement au Congo, et obtient de lui, de déclarer en état de guerre toute la région comprise entre Loango et Brazzaville. Le 18 août 1896, il reçoit le commandement de cette région avec plein pouvoir sur tout le personnel civil et militaire qui s'y trouve.

A peine investi de ce commandement, le commandant se multiplie, les ordres pleuvent et tous rivalisent de zèle pour les exécuter. Marchand ne songe pas uniquement à sa Mission; il croit devoir prendre les intérêts du commerce français, car en cela aussi il fait œuvre nationale et il enjoint de rechercher et, au besoin, de ramener par la force les porteurs qui s'étaient enfuis dans toutes les directions en abandonnant leurs charges. La plupart de ces déserteurs reviennent, tandis que les réfractaires sont arrêtés et exilés aux quatre coins du Congo.

De nouveau, les charges du commerce et les charges de la Mission reprennent le chemin de Brazzaville, ce sentier de la guerre que le commandant se chargeait de balayer. D'autres charges suivent, les unes par la même voie de terre, les autres par la voie du Niari, qu'avait suivie le capitaine Baratier qui, nous l'avons vu, était arrivé à Kimbiédi le 5 septembre.

Marchand envoie à Baratier l'ordre de prendre immédiatement la direction des opérations contre les révoltés : sans perdre une minute, le capitaine se met en marche. Le 17 septembre, il attaque, à Balimonéké un groupe de révoltés qui perdent leur chef et une vingtaine de soldats dans cet engagement. Marchand envoyait à sa rencontre, pendant ce temps, la compagnie des Sénégalais qui devait servir d'escorte à la Mission et deux compagnies de miliciens du Congo, soit en tout quatre cents hommes. En même temps, le lieutenant Mangin et le lieutenant Simon fondaient des postes dans toute cette région du Macabandilou, pour y exercer une surveillance plus efficace (1).

Il ne s'agissait plus que de hâter les opérations militaires. Le 18 septembre, Marchand, avec les dernières charges de la Mission, avait quitté Loango, et

---

(1) Cette campagne, extrêmement dure contre les révoltés, fatigua le lieutenant Simon à un tel point qu'il dut, un peu plus tard, renoncer à suivre Marchand dans le cours de l'Afrique. Revenu en France, il fut nommé capitaine, mais il mourut quelque temps après en Algérie, où il voulait achever sa convalescence.

moins de deux mois s'étaient écoulés depuis son arrivée au Congo !

Voilà donc le commandant sur la route de Brazzaville ; mais, hélas ! les préoccupations qui l'ont, pendant ces deux mois, jour et nuit, assailli, ont miné sa santé et la fièvre le terrasse, la fièvre qui guette tous les Européens à leur arrivée au Congo.

Il n'ignorait pas cependant les dangers, dont on est entouré dans la zone équatoriale de l'Afrique ; il n'ignorait pas non plus les précautions que doit prendre celui qui est appelé à vivre sur cette terre inhospitalière aux Européens. Combien a-t-on vu de jeunes gens dont la santé était si florissante au départ, que rien ne semblait pouvoir l'altérer et qui, cependant, n'ont jamais revu et ne reverront jamais la terre natale ! Est-ce le climat qui les a tués ? Non pas ; ils se sont suicidés par leurs imprudences.

Le commandant Marchand qui, lui, avait déjà passé près de dix années sur la terre d'Afrique, n'était pas plus victime du climat que d'infractions aux règles de l'hygiène. Mais, songez au labeur colossal dont il fut écrasé dès son arrivée, et ne vous étonnez pas que la fièvre, résultat de l'énervement produit par ce surmenage continuel, moral et physique, ait eu raison de sa robuste constitution.

Toutefois il marche, car il ne peut songer à se reposer, au moment même où il doit payer de sa propre personne. Il lui reste à peine le temps de se soigner : d'ailleurs, il est moins inquiet des progrès constants de la fièvre qu'aucun médicament ne parvient à arrêter, qu'exaspéré d'avoir à s'arrêter en un moment si défavorable. Tant pis, en avant! Quand même!

Les forces lui manquent : il se fait porter par des nègres dans un palanquin grossier, et, le 27 septembre, il arrive mourant au poste de Loudima. Un feu, qui dévore tout son être, le mine et le ronge; à part quelques accalmies, la fièvre ne le quitte plus, au point qu'il commence à perdre la notion de ce qui se passe autour de lui. Il est en proie à la terrible fièvre des bois, à la fièvre hématurique bilieuse, qui ne pardonne presque jamais.

Etendu sur un lit de camp, tellement épuisé qu'il ne peut remuer bras ni jambes, il va mourir loin des siens, loin de sa Patrie, sans avoir pu accomplir la glorieuse tâche dont il a accepté le fardeau trop pesant, non pour son âme, mais pour son corps. Autour de lui, médecins, frères d'armes, soldats sont rangés et penchent la tête, car ils sentent se mouiller leurs yeux déshabitués des pleurs!

Plus d'espoir! Si la science humaine ne peut faire un miracle, si Dieu ne veut pas le sauver, le commandant Marchand va mourir, les médecins l'ont condamné. Dans la nuit du premier octobre, ceux qui veillent le moribond, l'entendent exhaler des plaintes sourdes... Tout à coup, il pousse un profond soupir; puis, un silence, un long silence étreint le cœur des assistants.

Le commandant est-il donc mort? Le médecin se penche sur le lit; anxieux, tous attendent qu'il relève la tête, si longtemps appuyée sur la poitrine du malade. C'est fini? Non, pas encore... il vit!

Il vivra! Non, non, il ne lui est pas permis de

mourir ainsi, de déserter son poste, sans avoir accompli sa tâche. Alors, le commandant Marchand se raidit contre la maladie et les souffrances; il écarte la mort qui, déjà, l'avait presque touché de sa main. Il faut vivre, il vivra!

Comme les Mages, dont parlent les Saintes Ecritures, allaient, les yeux fixés sur une étoile, vers la misérable étable où le divin Sauveur venait de naître, ce héros a, lui aussi, les yeux fixés sur un point de l'horizon inconnu, là-bas, bien loin, bien loin, si loin que pour l'entrevoir il faut les regards du rêve. S'il doit mourir, ce ne sera pas avant d'avoir atteint ce but lumineux que, du doigt, lui montre la Patrie qui veille au chevet de l'agonisant, en lui chuchotant à l'oreille de douces et réconfortantes paroles, que lui seul entend!

Quelques jours après cette nuit d'agonie, le commandant Marchand était presque entièrement guéri, ou du moins convalescent; le 15 octobre, il atteignait Kambiédi : l'idée du devoir avait ressuscité le mourant.

Un sergent se dévoue... (page 97)

X. — C'est fini de rire ! — Une caverne de brigands dynamitée et enfumée. — Missitou fusillé. — Mayoké au poteau d'exécution. — Un supplément de 1.500 kilomètres. — Le fétiche de mort et les sacrifices humains.

Il importait de rattraper le temps perdu : les troupes françaises, pendant la maladie de leur chef, avaient arrêté leur marche, et les rebelles, profitant de cette inaction forcée, étaient plus menaçants que jamais. Le moment était venu de frapper un grand coup.

Le commandant, avec la santé, avait retrouvé toute son énergie. « Il s'agit, écrivait-il dans une de ses lettres, de montrer à tous ces gens-là que *c'est fini de rire.* » Il le leur fit bien voir.

L'heure d'expier tous ses crimes avait sonné pour Mabiala le fourbe, Mabiala le voleur, Mabiala le coupeur de routes, Mabiala le détrousseur de caravanes, Mabiala l'assassin (1). Mais, Mabiala se cachait, et sa retraite était introuvable. Les indigènes refusaient de le dénoncer, que l'on employât la force ou la douceur.

Une femme cependant, nouvelle Dalila, vint dénoncer au poste de Balimonéké le repaire où se tenait le roi de Macabandilou avec quelques-uns de ses plus braves soldats. Le commandant Marchand, informé, envoie au capitaine Baratier l'ordre de s'emparer du rebelle.

Au reçu de cet ordre, Baratier partit immédiatement, en pleine nuit, à deux heures du matin, le 21 octobre, avec vingt tirailleurs soudanais : Mabiala s'était, disait-on, réfugié dans une des grottes des monts calcaires du Balimonéké; mais, comment découvrir cette retraite perdue dans les roches, au milieu d'un impénétrable fouillis de ronces, de lianes, de hautes herbes et dans l'obscurité la plus profonde?

La marche était extrêmement pénible dans ces ravins pierreux et broussailleux; le capitaine, voyant ses hommes harassés, songea à remettre au matin la recherche de la retraite du brigand, quand, soudain, à travers un éboulis de roches, il aperçut une faible lueur. Des éclaireurs, envoyés à la découverte, rampant comme des chacals, s'approchèrent assez pour distinguer l'entrée très basse et très étroite d'une caverne où des noirs, accroupis autour d'un petit feu,

---

(1) Au nombre des victimes de Mabiala figure le nom de Mourier Laval, un agent français du Congo, qui périt assassiné en 1892.

semblaient monter la garde. C'était là que se cachait Mabiala.

Le capitaine fit, sans bruit, cerner la position par un cordon de tirailleurs, et le reste de la nuit se passa dans l'attente fiévreuse de l'attaque du repaire.

Dès l'aube, Baratier, suivi de quelques-uns de ses soldats, se dirigea vers l'entrée de la grotte : soudain, de l'ouverture basse comme un soupirail de cave, jaillit une longue flamme; une détonation terrible, dont les roulements se répercutent à travers les rochers, retentit et quelques tirailleurs tombent fusillés presque à bout portant, tandis que, à leur tête, Baratier est miraculeusement préservé.

Mabiala et ses guerriers, accroupis dans leur caverne, avaient sur les assaillants, véritables cibles vivantes, l'avantage de ne tirer qu'à coup sûr. Il était inutile et dangereux de continuer une lutte aussi inégale : le capitaine fit retirer sa petite troupe, qui avait épuisé ses munitions en pure perte. La prudence l'inspirait sagement.

Le hasard voulut que le commandant Marchand passât ce même jour auprès de Balimonéké. Il accompagnait un convoi de Loangos portant les charges de la Mission. Sa caravane mise en sûreté, le commandant en personne, avec vingt tirailleurs, se dirige vers les monts de Balimonéké.

Du premier coup d'œil, il juge inexpugnable la forteresse naturelle occupée par Mabiala, aussi commande-t-il de faire sauter à la dynamite, pour pratiquer une brèche, les roches qui obstruent l'entrée de la caverne. Mais, quel est le héros qui accomplira cette tâche périlleuse? Quel est celui qui ira offrir sa poitrine sans défense aux balles et aux flèches de l'ennemi embusqué derrière son rempart? Un sergent se dévoue : « J'irai! » dit-il simplement et il va.

Il met le feu à la fusée des boudins de dynamite et se rejette en arrière sans une égratignure : les flèches ni les balles ne l'ont touché...

Quelques secondes s'écoulèrent... L'explosion soudaine se produit, remplissant le ciel d'un bruit épouvantable, faisant voler au milieu d'une gerbe de flammes et d'une colonne de fumée, une pluie de roches réduites en poussière. Des blocs énormes sont soulevés, arrachés, mis en morceaux; des cavités se creusent qui, bientôt après, se referment. Toutefois, l'entrée même de la caverne est à peine déblayée et le danger est tout aussi grand pour nos soldats de s'approcher de cette meurtrière.

Avant toutes choses, ménager du sang de ses hommes, Marchand change de tactique. Comme le chasseur qui ne recule devant aucun moyen, si cruel soit-il, pour traquer et détruire la bête féroce qui fut si longtemps la terreur d'une contrée, Marchand le justicier n'a pas d'hésitation. Il fait apporter des bottes de paille auxquelles on met le feu, les tirailleurs soudanais, noirs démons attisant cet enfer, les enfonçant avec des fourches dans l'ouverture de la grotte; puisqu'on ne peut capturer Mabiala, on l'enfumera comme un renard dans son terrier.

Quand, plusieurs heures plus tard, le crépitement de la paille embrasée eut cessé et que les roches brûlantes permirent aux soldats de s'avancer, les Soudanais se glissèrent comme des serpents dans la caverne...

Un grand silence y régnait; la fumée obscurcissait encore l'ombre de la voûte. La grotte était immense et formait un labyrinthe de pièces, de galeries que l'on explorait minutieusement mais en vain. Est-ce que, par malheur, les brigands se seraient échappés par une issue connue d'eux seuls, de même qu'un voleur poursuivi entre dans une maison dont il sait une seconde sortie? N'aurait-on donc tant fait que pour échouer au port?

Tout à coup, de grands cris se font entendre : les tirailleurs ont aperçu des cadavres entassés et les tirent jusqu'à l'aveuglante clarté du jour. Lorsque le second de ces corps, qu'ils tirent par les pieds, paraît à la lumière, on les entend crier d'une seule voix : « Mabiala! Mabiala! » C'était bien lui, le chef des rebelles, facilement reconnaissable aux bijoux dont son cou était orné, et aux larges boucles qui paraient ses oreilles. Le misérable avait expié tous ses crimes. Mais, comme il fallait que cette exécution servît d'exemple aux autres indigènes, on trancha la tête du rebelle et on fit promener, par les villages, ce trophée sanglant.

La région de Macabandilou se trouva, par la mort de Mabiala, complètement pacifiée : jamais victoire ne fut plus complète, et le commandant put voir les rebelles accourir auprès de lui, plus soumis qu'un chien battu, pour solliciter en grâce l'autorisation de servir comme porteurs de bagages!

Pendant ce temps, l'agitation avait également pris

On les entendit crier : « Mabiala ! Mabiala ! » (page 98)

fin dans les autres régions. Le lieutenant Mangin avait, lui aussi, reçu l'ordre de mener, avec la dernière énergie, les opérations contre les rebelles Missitou et Mayoké.

Le 17 octobre, une petite reconnaissance, sous les ordres de Mangin, effectuait de jour et de nuit une marche de 55 kilomètres, ce qui, dans la région tropicale, est un véritable tour de force, et le 18, au matin, emportait d'assaut le village des rebelles. Malheureusement, les deux chefs avaient eu le temps de fuir. Il fallut faire prisonniers et garder comme otages des hommes, des femmes, des enfants, et menacer de détruire tous les villages qui donneraient asile aux révoltés, pour que ceux-ci fussent livrés aux Français.

Le premier fut Missitou. L'adjudant de Prat commanda le peloton d'exécution chargé de fusiller le rebelle, dans la cour du poste de M'Bomou, en présence des principaux chefs du pays, des porteurs Loangos et d'une foule d'indigènes. Lorsque Missitou tomba percé de six balles, il y eut une véritable salve d'applaudissements : il fallait voir dans cette manifestation, l'expression de la joie qu'éprouvaient les porteurs et les indigènes d'être enfin débarrassés d'un de leurs plus cruels ennemis.

Quelques jours plus tard, Mayoké tombait entre les mains de l'adjudant de Prat, qui eut encore le pénible devoir de conduire le chef rebelle et de le faire attacher, les yeux bandés, au poteau d'exécution. L'attitude de Mayoké fut très courageuse, tout en étant exempte de forfanterie. A l'adjudant, qui lui rappelait et lui reprochait tous ses crimes, de même qu'on lit au soldat que l'on va passer par les armes le jugement du conseil de guerre qui l'a condamné, Mayoké dit simplement : A quoi sert tout ce que tu me dis là, puisque tu vas me tuer? Je n'ai pas à te répondre. » Et, jusqu'au dernier moment, dit le rapport officiel, il garda un sourire hautain et méprisant.

Mabiala mort, Missitou mort, Mayoké mort, la rébellion était décapitée. Quelques colonnes volantes n'eurent à faire, à travers les villages, qu'une sorte de promenade militaire pour que tout rentrât dans l'ordre.

Le commandant Marchand avait le droit d'être fier de lui et de ses troupes : en trois mois, avec trois officiers et 150 hommes, il avait dompté une révolte inquiétante, il avait pacifié une région grande presque comme la France; non seulement il avait rendu la tranquillité au pays, mais il l'avait organisé, en y fondant des postes nouveaux; il avait réouvert au commerce la voie de Brazzaville, que lui fermait la piraterie des indigènes. Pour obtenir ces admirables résultats et à la réalisation desquels personne n'osait croire, il ne s'était point ménagé — s'étant presque tué à la peine — mais il n'avait pas ménagé les autres. Savez-vous ce que la pacification avait imposé à ses troupes, en marches, en contremarches, en allées et venues? Un petit supplément de *quinze cents kilomètres* à l'effrayant voyage qu'elles allaient entreprendre.

Toutefois, quelle que fût la satisfaction que lui donnèrent ces succès et l'admiration qu'ils lui valurent, il n'en éprouvait pas moins une crainte angoissante : les bagages de la Mission n'étaient pas encore tous arrivés à Brazzaville et, pendant ce temps, les Anglais avançaient toujours dans leur marche vers le Haut-Nil. La lutte devenait de plus en plus inégale.

N'oublions pas qu'en débarquant au Congo, le commandant Marchand comptait traverser ce pays en toute sécurité et trouver toute sa Mission, personnel et bagages, réunis à Brazzaville. Au lieu de cette quiétude, il trouve des préoccupations, des embarras de tout genre, qui, au temps déjà perdu, ajoutent encore des mois et des mois de retard. Heureusement, à partir de ce moment (novembre 1896), le transport des charges par la voie de terre et par la voie du Niari est assuré d'une façon régulière; les convois succèdent aux convois, les charges s'amoncellent à Brazzaville. Tout va bien : le commandant est occupé à mettre en ordre la comptabilité de sa Mission; dans quelques jours, il quittera Kimbiédi pour le départ définitif.

Tout à coup des nouvelles lui parviennent qui, une seconde fois, le font désespérer de jamais pouvoir se mettre en route. Trois mille charges avaient été expédiées par le chemin de fer que les Belges ont construit dans leur colonie appelée Etat indépendant du Congo. Cette voie ferrée qui, aujourd'hui, relie la côte à Léopoldville, la capitale, située en face de Brazzaville sur la rive gauche du Congo, n'allait à cette époque qu'à mi-chemin de son parcours actuel.

Les 3.000 charges — c'est-à-dire près de 100.000 kilogrammes de munitions et de marchandises —

avaient été descendues à Tumba, pour de là être menées à Brazzaville par le portage humain. Mais là, encore, la révolte barra la route aux porteurs. Il semblait que partout, sous les pas de la Mission, les embarras sortissent de terre ; et le commandant, inquiet, se demandait s'il ne fallait pas voir, dans ces révoltes successives, la main d'agents officieux des puissances étrangères, intéressées à susciter des difficultés sans nombre aux Français pour faire échouer la mission Congo-Nil.

Sans être effrayé de ce surcroît de peines que lui impose cette rébellion inattendue, et qui se produit à un moment trop opportun pour les intérêts anglais pour n'être pas voulue, Marchand en déduit que ses chances de succès augmentent. Si on cherche à l'arrêter ainsi, c'est qu'on le juge capable de mener à bien sa Mission. Le danger ne fait qu'exaspérer son énergie, et, au début de son expédition, on pourrait déjà lui appliquer ce mot d'un homme d'Etat anglais qui, en apprenant l'arrivée des Français à Fachoda, s'écria : « Ce Marchand est un Titan : il escaladerait le ciel s'il lui en prenait fantaisie ! »

Le commandant n'eut point à escalader le ciel : il se contenta de mettre rapidement à la raison Tensi, le chef des Bassoundis. Ce rebelle avait attaqué le convoi des porteurs, en avait tué trois, mis les autres en fuite et forcé le sergent Mottuel, qui commandait l'escorte, à se réfugier dans le poste de Kimpougou, où ses troupes l'assiègent et tentent de l'affamer. Le lieutenant Mangin vient au secours de son sergent, et, après un engagement très vif, où Mottuel est blessé, il le débloque. Marchand, avec une compagnie de tirailleurs, arrive sur ces entrefaites, poursuit les rebelles, ne leur laisse pas une minute de répit, brûle leurs villages, et, après trois jours de marches forcées, les bandes de Tensi sont taillées en pièces ou mises en complète déroute. Elles durent se soumettre au terrible blanc, car les dieux eux-mêmes les abandonnèrent. Le grand fétiche de mort (1), une statue en bois, informe, de mi-grandeur naturelle, était tombée aux mains de nos soldats.

En examinant de près ce dieu féroce, le commandant vit avec horreur qu'il était tout rouge encore du sang des victimes humaines que ces barbares immolent à leurs divinités farouches. Comme c'était alors le 25 décembre 1896, le jour de Noël, où, dans le monde entier, les chrétiens s'unissent pour commémorer la naissance du divin Sauveur des hommes, ce fut une grande joie au commandant Marchand de célébrer cette fête solennelle, en mettant fin à ces horribles holocaustes humains, dont on ne peut révoquer l'authenticité et dont la pensée nous fait frissonner d'épouvante. Il avait bien servi la noble cause de la Patrie et la cause sainte de l'Humanité!

(1) Les fétiches africains sont des bonshommes en bois, debout ou assis : la figure seule, malgré ses traits grossiers et grotesques, a quelque ressemblance avec un visage humain; le reste du corps est à peine dégrossi. Les figures sont peintes en noir, en blanc, en rouge et ornées d'attributs bizarres : cornes, dents, plumes, coquillages, morceaux d'étoffes, débris de glaces, cheveux, etc. Les fétiches sont, le plus souvent, plantés à terre sous des abris non clos.

A Brazzaville... (page 106)

XI. — Un tour de force de Marchand. — Une filleule de M. de Brazza : Brazzaville. — La cherté des vivres. — Un beau coup de fusil. — Les Batékés. — Le chef au parapluie. — La mode féminine. — Singulière façon d'honorer les dieux.

Dans les premiers jours de janvier 1897, le commandant Marchand se trouvait à Brazzaville avec toute sa mission au complet, toute son escorte, tout son matériel. En ajoutant aux charges de l'expédition, les charges du commerce, les charges de l'administration, dont le commandant avait assuré le transport de Loango à Brazzaville, on arrive au chiffre colossalement fabuleux de *treize mille charges* — près de *quatre cent mille kilogrammes*! Or, les plus optimistes déclaraient à Marchand que s'il pouvait faire parvenir à Brazzaville *cinq cents* charges, il aurait accompli un vrai tour de force !

Brazzaville est, par sa situation sur la rive droite du Congo, à l'endroit où commence la navigabilité de ce fleuve, un des points les plus importants de notre colonie; c'est une position de tout premier ordre, la clef de toute la région, et c'est la gloire de M. de Brazza de l'avoir donnée à la France. Ce fut aussi la récompense du vaillant explorateur, de donner son nom à la deuxième capitale du Congo.

« Le succès des explorations de M. de Brazza a mis son nom au dessus de celui des plus hardis explorateurs, en assurant à sa patrie d'adoption (on sait qu'il est d'origine italienne) la possession d'une colonie plus vaste que la France elle-même, et cela sans effusion de sang et sans sacrifices pécuniaires considérables; tant il est vrai que l'énergique persévérance d'une volonté de fer et le dévouement à une cause, dont on se fait l'apôtre, permettent de triompher des plus insurmontables obstacles. La France doit placer à côté de ses enfants les plus nobles et les plus méritants celui qui, prêt à sacrifier sa fortune et sa vie, va affronter les fatigues d'un inconnu plein de périls, seulement par amour de l'humanité et pour l'intérêt et la gloire de notre pays. »

Cette filleule de M. de Brazza, Brazzaville, ne mérite guère plus que Loango le nom de ville; c'est plutôt un village, bâti sur un plateau, au bas duquel roulent les eaux sales du Congo. La vue s'étend à l'infini d'un côté sur la brousse, de l'autre sur le lit du fleuve, dont la rive se confond là-bas avec l'horizon brumeux. Le Congo, à cet endroit, s'étend en un lac immense, « le Stanley-pool », qui porte le nom de

Stanley, l'explorateur américain bien connu, qui vit toujours en M. de Brazza un adversaire, tandis que M. de Brazza ne voulut jamais voir en lui qu'un travailleur dans le même champ.

De rares maisons en briques, quelques constructions ou hangars en pisé, quelques cases indigènes, et c'est tout Brazzaville-poste. Mais à un ou deux kilomètres se trouvent les factoreries : ce sont de vastes entrepôts, où s'entassent des marchandises de toutes sortes ; les unes viennent de l'intérieur, particulièrement les défenses d'éléphants et le caoutchouc, que fournit par évaporation le suc laiteux de la liane à caoutchouc ; les autres proviennent d'Europe et seront dirigées vers le bassin supérieur du Congo et de l'Oubangui. A côté de ces vastes docks sont les maisons d'habitation et la Mission catholique, entourées de jardins admirablement entretenus, où, avec une vigueur inconnue en nos climats, poussent les légumes européens : salades, choux, aubergines, tomates, carottes, etc... Ces légumes, dont la croissance se produit en moitié moins de temps qu'en France, sont d'une ressource capitale pour l'alimentation, car Brazzaville est presque toujours menacé de disette.

Les indigènes des alentours, les Batékés, ne s'occupent que de commerce et ne font qu'une seule culture, celle du manioc, dont la racine concassée sert à faire une sorte de galette qui est la base de l'alimentation dans presque toute l'Afrique équatoriale. Encore cette culture suffit à peine à pourvoir à leurs besoins, si bien que les Batékés ne se décident que trop rarement à apporter ce manioc à Brazzaville, pour la nourriture des tirailleurs et des noirs employés au poste. On est obligé, par suite, de se servir du riz, qui est importé à grands frais : le manque presque absolu d'aliments frais, lait, légumes, etc., est une des causes qui rendent les conditions d'existence très précaires en cette station.

Les vivres frais sont à des prix exorbitants, et il n'est pas rare de payer un œuf 7 à 8 sous, un tout petit poulet 6 à 8 francs, et un cabri jusqu'à 80 francs! Le pays des alentours abonde en gibier, mais en gibier qui ne peut servir à l'alimentation : panthères, serpents, éléphants, dont la trompe seule est comestible. Seul, l'hippopotame fournit une chair excellente : un chasseur peut être fier d'abattre, d'un seul coup de fusil, un de ces monstres des fleuves africains, dont le moindre fournit de 1.500 à 2.000 kilogrammes de viande!

L'insuffisance d'une bonne alimentation, jointe à l'influence du climat, explique la mortalité qui sévit d'une façon cruelle sur le personnel blanc : la population du cimetière de Brazzaville ne tardera pas, si l'on n'y prend garde, à dépasser le chiffre des habitants de la station. Brazzaville est, plus encore que les stations du littoral, le pays de la fièvre : pendant la saison des pluies, des odeurs fétides montent du sol détrempé, et le Congo semble moins un fleuve qu'un marais, au point que le poisson très abondant qui vit dans ses eaux a, même frais, une saveur répugnante.

Malgré tout, Brazzaville offre tant d'avantages par son admirable situation, qu'elle deviendrait facilement florissante si une vraie route — et non un sentier — était ouverte jusqu'à Loango, si l'on remplaçait le portage humain par le portage à dos d'animal, ou si, surtout, à l'exemple des Belges, nous établissions une voie ferrée conduisant au littoral. Quel développement prendrait alors Brazzaville ! Malgré les difficultés des communications, les factoreries sont très florissantes et entretiennent, pour leur commerce, une flottille de petits vapeurs qui remontent le Congo et l'Oubangui.

Mais, les transactions commerciales les plus actives se font par l'intermédiaire des Batékés. Les Batékés habitent sur les bords du Congo, un grand village nommé M'Pila, qu'il est extrêmement difficile à un blanc de visiter : étant riches, ils tiennent un peu les Français sous leur dépendance, au point de vue des vivres qu'ils ne livrent qu'avec un certain air de condescendance, et surtout pour un prix exorbitant.

Les membres de la mission Marchand durent en passer par leurs exigences. Un jour, peut-être, l'insolence de ces Batékés se traduira-t-elle par des actes d'agression, car, déjà quelques-uns sont armés de fusils à tir rapide. Les Européens sont bien coupables, qui font présent ou vendent aux sauvages des armes, de la poudre, des cartouches. Il ne faut pas, dit le proverbe, donner de verges pour se faire fouetter.

Les Batékés, d'après l'explorateur Dybouski, ont un type particulier, et, pourrait-on dire, particulièrement laid. Le front est large et bombé, le nez aplati s'efface en une ligne qui dépasse à peine la proéminence des pommettes. La bouche est grande. Les cheveux sont généralement coupés courts sur le devant de la tête et conservés plus longs sur le sommet. Les Batékés portent sur chaque joue une série de lignes obliques et parallèles, produites par des incisions successives; elles partent de l'oreille pour aboutir au menton, et couvrent les joues. Ce tatouage constitue à tel point un signe particulier de ces populations, que tous les petits fétiches, représentant des dieux, le portent toujours.

Les Batékés sont vêtus de pagnes tissés en fibres de raphia, souvent très fins et très élégants, imitant assez bien le ponzé de Chine. Ils les remplacent volontiers par des étoffes européennes, et les chefs se drapent dans des pièces de velours ou de satin aux couleurs voyantes. La mission Marchand remarqua beaucoup un des chefs Batékés, qui ne marchait jamais que suivi de quatre esclaves rangés les uns à la file des autres, et qui tenait à la main un grand parapluie noir toujours ouvert!

Les femmes ont la poitrine voilée, et la pièce d'étoffe, dans laquelle elles sont drapées, fait ressembler cette sorte de costume à un peplum romain. Elles portent aux chevilles et aux bras des anneaux de cuivre qui prennent parfois une véritable élégance. Leurs cheveux, rasés près du front, sont au contraire conservés très longs à la partie supérieure et ramenés en arrière; ils sont tendus de façon à former une sorte de calotte soigneusement graissée. La partie rasée est couverte d'une épaisse couche d'ocre rouge, formant quatre ou cinq grandes dents régulières occupant tout le front. Quand une femme est en deuil d'un chef, elle se peint la figure avec de la suie, revêt un pagne noir et dispose ses cheveux en une série de petites boulettes faites de graisse et d'argile noircies. L'aspect que lui donne cet accoutrement est véritablement hideux.

Les Batékés sont fétichistes. Leurs dieux sont des coquillages, des calebasses, des semences, des griffes qui leur servent de fétiches. Dès qu'un homme quitte la maison paternelle pour fonder une famille, il se rend chez le féticheur qui lui remet un fétiche. Celui-ci, placé dans un coin de l'habitation, en constitue en quelque sorte le dieu familier. Il a l'abdomen entouré d'un lambeau d'étoffe et, chaque matin, d'après Costermans, le maître de la maison mâchonne un morceau de noix de Kola, dont il crache le jus sur le fétiche. Singulière façon d'honorer les dieux!

Ce fut le coup mortel... (page 119)

XII. — Des navires aux noms glorieux. — Le chauffage au bois. — Tout sur le pont. — Marchand à la mort une seconde fois. — Instantané de Marchand. — Chasse au buffle. — Un tirailleur dévoré par un crocodile.

Le commandant Marchand n'avait pas attendu d'être arrivé à Brazzaville, pour faire diriger d'avance la plus grande partie de ses charges pour l'Oubangui. Dès le 17 décembre 1896, deux mille charges étaient embarquées sur quatre petits vapeurs avec le personnel européen nécessaire pour organiser le service des transports dans le bassin du Haut-Oubangui. Pendant ce temps, on mettait en état une flottille comprenant le *Jacques d'Uzès* (1), la canonnière le

---

(1) Le duc Jacques d'Uzès chercha à exécuter, en 1892-93, une conception hardie : il voulait ouvrir un débouché sur le Nil à notre colonie du Congo. Ce fut, on le voit, un précurseur de Marchand. Au cours de son expédition, il

Faidherbe et quelques chalands en acier ou en aluminium, dont les noms sont ceux des martyrs de l'Afrique, le *Crampel* et le *Pleigneur*. (M. Pleigneur est ce vaillant explorateur qui se noya dans les chutes de Koussounda, dont nous avons parlé lors de la montée du Niari par le capitaine Baratier).

Ces navires sont les débris d'une flottille plus importante que la navigation sur le Congo et l'Oubangui, encombrés de rapides, a considérablement réduite. De ces vapeurs d'autrefois, les uns ont eu leurs coques complètement mises hors de service par les rochers; le *de Poumeyrac*, vapeur démontable, n'a pu être mis en chantier, car on n'a jamais retrouvé des pièces fort importantes qui furent englouties au passage de la barre du Niari; d'autres, le *Courbet*, l'*Alima*, le *Ballæy*, ont fait naufrage dans les rapides, et dorment sous les eaux par quinze à vingt mètres de fond!

Les canonnières démontables, comme le *Faidherbe* et le *Jacques d'Uzès*, ont de 18 à 20 mètres de long sur 5^m,50 à 6 mètres de large : elles ne peuvent prendre à bord plus de cent charges chacune, mais elles peuvent remorquer chacune un chaland contenant 400 charges. Leur fond est plat, bien qu'ayant une quille; elles ne calent que soixante centimètres en pleine charge; leur hélice est sous voûte.

Tous ces steams, dans un pays où n'existent point de mines de charbon, doivent recourir au chauf-

---

vengea le massacre de M. de Poumayrac et de ses compagnons, qui avaient été dévorés par les Boubous anthropophages.

Parti le 25 avril 1892, le jeune duc d'Uzès mourut de fatigue, le 20 juin 1893.

fage par le bois. L'emploi du bois présente l'inconvénient d'encombrer considérablement les soutes du navire et de nécessiter des arrêts fréquents pour le renouvellement du combustible. Dans ces conditions, ces vapeurs ne marchent que neuf à dix heures par jour, et s'arrêtent généralement vers quatre heures du soir.

Les vingt coupeurs de bois, qu'on est obligé de prendre à bord, descendent dans les îles ou sur les rives boisées : chacun d'eux doit couper et scier une pile de bois haute de 1^m,50 sur 1 mètre de long et 0^m,80 de large. Le chef d'équipe se charge de planter de mètre en mètre, des baguettes de 1^m,50 de hauteur et forme ainsi une série d'une vingtaine de cases, qui doivent être remplies le soir. Pendant une grande partie de la nuit, les coupeurs montent le bois sur le navire et le jettent à grand fracas dans les soutes. Cette assourdissante musique berce, toutes les nuits, le sommeil des passagers, dont l'installation est très rudimentaire.

Le peu de profondeur du steam ne permettant pas l'installation de cabines, l'unique pièce se trouve être le pont du navire qui, suivant les heures de la journée est promenoir, salle à manger, fumoir, salon, dortoir. Tantôt il est à peu près libre, et tantôt encombré de tables, de fauteuils pliants, de lits démontables, plus serrés que les couchettes d'un dortoir de collége. Un toit et des toiles protègent les dormeurs, les mangeurs, les fumeurs. Aussi le voyage n'est-il rien moins qu'agréable, surtout quand il se prolonge pendant des mois entiers.

La surveillance de la flottille de la Mission était confiée au jeune enseigne de vaisseau, M. Dyé, que ses camarades ne désignaient que sous le nom d' « amiral », et qui commandait la canonnière le *Faidherbe*.

Le nombre des navires français étant insuffisant pour assurer tous les transports, il fallut louer — à un bon prix, cela s'entend — les services d'un steam de l'Etat belge du Congo, bon marcheur et assez bien aménagé, *La Ville de Bruges*.

Le premier départ de ce navire eut lieu le 24 janvier 1897; se trouvaient à bord le capitaine Germain, le lieutenant Mangin, le lieutenant Simon, déjà surmené et miné par la maladie, le docteur Emily, l'adjudant de Prat, les sergents Mottuel, Dat et Bernard, le dessinateur Castellani.

Lorsque *La Ville de Bruges* les eût déposés à Bangui, à *quinze cents kilomètres* de Brazzaville, elle revint à son point de départ et refit le même voyage, en emportant, le 10 mars 1897, le commandant Marchand avec les 1.300 dernières charges de la Mission.

Ce départ faillit bien n'avoir pas lieu : une seconde fois, un accès de la terrible fièvre hématurique bilieuse, qui fut bien près d'emporter le commandant à Loudina, terrassa le chef de la Mission, dont le corps et l'esprit venaient depuis si longtemps d'être mis à de trop rudes épreuves. Cette fois encore, on craignit un dénouement fatal; mais « le cuirassement » de Marchand, pour employer une de ses expressions, et sa robuste constitution écartèrent de nouveau la mort.

Toutefois, le mâle visage du commandant gardait les traces de ses souffrances physiques et de ses préoccupations morales. Nous n'avons pas présenté encore, à nos lecteurs, le commandant Marchand. Ils le connaissent déjà sans doute, car les traits énergiques du héros de Fachoda ont été popularisés de mille manières par la presse, par la gravure, par la photographie. Voici le portrait que trace de Marchand un des membres de la Mission :

« Plutôt au-dessus de la moyenne, le capitaine est brun, avec l'œil noir et vif; chez lui l'oreille est détachée, ce qui est toujours un signe d'énergie. Son allure très souple et très dégagée n'exclut pas la robustesse. La tête est rasée de près, un peu trop à mon gré, et sa barbe noire encadre bien sa figure. Le cou est hardiment attaché sur les épaules. Il est coiffé d'un grand feutre gris qui lui va beaucoup mieux que l'affreux képi, dit *Saumur*, qui, avec sa viscope en avant et sa pointe en arrière, donne à nos officiers des aspects de joueurs de clarinette du premier empire.

» Marchand est plutôt gai et en dehors, sans arrière-pensée. Par exemple, il n'aime pas la contradiction... Je termine, afin de ne pas passer pour un flagorneur, en signalant un autre défaut du chef : avec un léger grain de férocité dans le profil, je le crois foncièrement brave homme et capable de tous les attendrissements. J'ajouterai que je l'ai baptisé le *Tigre*; ce qui, du reste, le fait rire... »

Mais, au moment où Marchand s'embarqua sur *La Ville de Bruges*, il a bien vieilli : sa figure est émaciée, son teint livide, son dos voûté. Heureusement, l'accueil triomphal qu'il a reçu à son retour de la France entière, debout pour l'acclamer, et quelques mois d'un repos bien mérité lui ont rendu sa florissante santé.

Le steam, au départ de Brazzaville, traversa le Stanley-Pool ; puis, le fleuve se resserrant, s'engagea dans un couloir assez étroit, bordé sur chaque rive de collines hautes de 150 à 200 mètres. La monotonie de ces deux murailles dénudées se prolonge sur près de cent cinquante kilomètres : parfois un sentier gravit le flanc des collines ; presque jamais on n'y voit d'êtres vivants. La machine halète et s'époumonne, car le courant du fleuve est d'autant plus violent que son lit est plus resserré.

Plus loin, le regard s'arrête avec complaisance sur la forêt, moins étendue toutefois et moins dense que la forêt vierge du Mayombé. Là, le Congo s'étale majestueusement sur une largeur qui atteint jusqu'à dix kilomètres : c'est moins un fleuve qu'un bras de mer encombré d'îles couvertes d'arbres, où prennent leurs ébats bruyants les troupeaux de buffles et d'hippopotames. Le navire qui passe entre ces îlots verdoyants, trace, comme une charrue, de vrais sillons dans d'immenses prairies de joncs, de roseaux, de papyrus, et met en fuite de grands vols d'oiseaux roses, blancs ou noirs : c'est un enchantement des yeux.

Les passagers du premier convoi trouvèrent, à cet endroit, le moyen de se ravitailler de viande fraîche, grâce à l'habileté de l'adjudant de Prat.

Le steam s'amarrait à la rive pour la nuit, quand, tout à coup, un buffle superbe s'élance les cornes en avant, pour braver ce monstre dont les naseaux lancent une fumée noire... Une salve de coups de fusil le salue, mais ne fait qu'exacerber sa colère; blessé, il écume, bondit, se cabre, de son mufle fouille le sol que ses sabots labourent, et sa queue bat furieusement ses flancs. Bientôt ses meuglements cessent : il s'enfuit et s'abat dans les hautes herbes.

Du bateau, on descend en foule pour s'emparer de cette bête magnifique. L'adjudant de Prat, armé d'une carabine, va de l'avant : le buffle, accroupi, semblait à moitié mort. Pour plus de sûreté, le chasseur s'agenouille, épaule et tire... Le coup rate... L'animal alors se relève furieux, d'un bond passe par dessus l'adjudant, qui prend à peine le temps de se baisser et de viser de nouveau la bête enragée au défaut de l'épaule. Ce fut le coup mortel : le buffle s'écroula en faisant trembler le sol sous son poids.

Comme bien l'on pense, des acclamations vigoureuses accueillirent la rentrée de l'heureux chasseur, et l'on but à sa santé en dégustant un excellent rôti de buffle dont le goût, avec un fumet un peu plus sauvage, rappelle celui du bœuf d'Europe.

L'adjudant de Prat l'avait échappé belle! Mais son beau coup de fusil permit de renouveler les provisions de viande fraîche et de viande fumée, car, lorsque l'on tue un hippopotame ou un buffle, on s'empresse de faire *boucaner*, ou sécher à la fumée, tous les morceaux que l'on ne peut pas consommer frais.

L'adjudant de Prat, le héros de cette chasse, s'était quelques jours auparavant fait remarquer dans un émouvant sauvetage. Un tirailleur s'était, par mégarde, laissé choir dans le fleuve · l'adjudant se précipita à son secours dans une barque; mais la manœuvre était difficile, car le courant était très violent. Habilement dirigée, l'embarcation s'approche du pauvre soldat, qui tend les mains; on va le saisir, mais soudain il pousse un cri, un grand cri, un cri d'angoisse infinie, puis disparaît sous l'eau, happé par un caïman. Un des camarades du naufragé s'était héroïquement jeté dans le fleuve pour le sauver; l'adjudant de Prat n'eut que le temps de le tirer de l'eau et de lui éviter ainsi la mort affreuse de son compagnon.

Braves soldats, blancs ou noirs; sous vos vareuses battaient des cœurs de héros!

On peut d'un seul coup l'abattre sur place. (page 124)

XIII. — Chasses à l'éléphant. — Un terrible tueur de fauves. — La vente de l'ivoire. — Moustiques et sauterelles. — Les postes militaires. — Le drapeau tricolore : ciel, lait et sang. — En avant !

On avait atteint Bouga, grand village situé au confluent du Congo et de son affluent la Sangha, qui descend du Nord. Quelques factoreries s'y sont établies et ont là leur port d'attache pour leurs petits navires qui remontent la Sangha. Il faut dire qu'à cet endroit le Congo s'étend sur une largeur de plus de vingt kilomètres! L'importance de Bouga vient de ce fait qu'il est le point où convergent les produits de l'intérieur, surtout le tabac — un tabac excellent qui est très apprécié des Européens et qui le fut en particulier des membres de la mission Marchand qui en firent une ample provision — et l'ivoire d'éléphant et d'hippopotame.

Le moment est venu de parler de la chasse à l'éléphant. L'éléphant procure aux indigènes le plus précieux objet de commerce. Songez que chaque éléphant porte de cinquante à cent livres d'ivoire, et que la livre d'ivoire se vend couramment dix francs dans les factoreries, et vous comprendrez l'ardeur qu'apportent les noirs à une chasse aussi rénumératrice. Aussi le nombre des éléphants a-t-il considérablement diminué au Congo : fuyant leurs ennemis, de même que les grands cétacés ont émigré en masse au pôle Nord et au pôle Sud, pour échapper aux harponneurs, les grands pachydermes ont déserté les régions trop fréquentées, pour se réfugier au centre de l'Afrique. Stanley estime encore à plus de 200.000 le nombre des éléphants du Congo.

La chasse à l'éléphant étant pratiquée par les indigènes et par les Européens, la tactique est nécessairement différente. Les noirs creusent de grandes fosses dans les endroits où ils ont relevé les traces du passage des éléphants; ils les recouvrent de branches, de feuillages, de terre, et les pachydermes qui s'avancent sur ce sol trompeur, se trouvent ainsi capturés sans danger.

D'autres fois, ils chassent l'éléphant en bandes. Dès qu'ils arrivent, raconte un explorateur, dans un pays où il y a un troupeau d'éléphants, ils mettent sur leurs traces vingt ou vingt-cinq chasseurs qui suivent ce troupeau nuit et jour et le perdent le moins possible de vue. Les éléphants vont toujours à peu près ensemble et circulent beaucoup; quand ils sont entrés dans un bouquet d'arbres ou dans un coin de la forêt facile à cerner et dans lequel il n'y a pas d'eau, les chasseurs qui les guettent se portent autour de cette enceinte, tirent des coups de fusil en l'air et font un tapage épouvantable. Les éléphants n'osent naturellement pas bouger de place et se tiennent cois au milieu de leur retraite. Pendant ce temps, deux ou trois hommes courent à toutes jambes pour avertir la tribu. Hommes, femmes, enfants, tous arrivent : quelquefois ils sont cinq ou six cents. Chacun se met à l'œuvre; on hurle, on tire des coups de fusil et l'on travaille. La nuit, on établit un cordon de feu autour de l'enceinte assiégée. Bientôt, en abattant des arbres de toute grosseur, en enchevêtrant les unes dans les autres d'énormes lianes, on construit une vraie palissade, absolument infranchissable, qui a souvent près d'un kilomètre de tour et tient tout le troupeau prisonnier. Alors des cases sont construites pour les veilleurs; puis, ceux qui ne sont pas désignés pour ce service se retirent et attendent quelquefois quinze jours, quelquefois trois semaines, quelquefois plus.

L'éléphant a constamment besoin d'eau; après en avoir été privé pendant un temps aussi long, il est donc épuisé par la soif et d'une faiblesse extrême. Après avoir célébré une grande cérémonie en l'honneur des fétiches, les veilleurs passent dans l'enceinte, par une entrée ménagée à cet effet, deux petites pirogues pleines d'une eau empoisonnée. Ce jour-là toute la tribu est revenue. Durant la nuit, les éléphants boivent tout le contenu des pirogues, et, le lendemain, ils sont stupéfiés et aux trois quarts morts. C'est alors que commence la boucherie. A un signal donné, les chasseurs se glissent près de leurs victimes, et on commence le feu, qui se prolonge bien après que le dernier éléphant est tué. Les coups de fusil pleuvent encore sur les cadavres, et on s'acharne dessus jusqu'à ce que leur peau soit percée comme un crible.

Les Européens tuent l'éléphant d'une façon plus élégante, plus humaine, si l'on peut ainsi dire; la carabine Lebel et les fusils perfectionnés font merveille dans ces chasses. Tirer un éléphant à la course, c'est gaspiller inutilement ses cartouches, si l'on n'a entre les mains une arme de guerre de très gros calibre; jamais l'éléphant n'est tué, à distance, d'un seul coup de fusil. Au contraire, se place-t-on le plus près possible de la bête, presque à bout portant, en la visant dans la région au-dessus de l'œil, on peut, d'un seul coup, l'abattre sur place. Il y a évidemment quelque danger à s'aventurer ainsi nez à nez avec un éléphant parfois furieux, mais le danger est moins grand qu'on ne le pourrait supposer. L'éléphant est très myope, et souvent des chasseurs serrés de près ont pu s'échapper dans les hautes herbes où vivent les pachydermes, sans avoir été poursuivis.

Pendant leur séjour à Brazzaville, les membres de la mission Marchand furent en relation avec un célèbre tueur de fauves, M. Louettières, qui, en une année, d'avril 1895 à avril 1896, tua, indépendamment d'un grand nombre de panthères, de buffles, 101 hippopotames et 113 éléphants; et d'avril à octobre 1896, 152 hippopotames et 5 éléphants. (Chiffres authentiques). L'ivoire des dents d'hippopotame est plus serré et plus recherché encore que celui des éléphants.

Rien de plus curieux que la vente de l'ivoire par les nègres. Pour acheter de l'ivoire on dit qu'il faut la patience d'un pêcheur à la ligne et la rouerie d'un Indien. Quand les noirs apportent, ne fût-ce qu'une seule défense d'ivoire à une factorerie, ils sont toujours très nombreux, cinquante au moins, dont quarante-cinq n'ont aucun intérêt dans l'affaire. C'est l'occasion d'un vrai palabre. Autour du blanc, les noirs se rangent en cercle. Le prix demandé par le détenteur de l'ivoire est, en général, dix fois supérieur à la valeur de la marchandise. Le blanc refuse, les noirs discutent avec une animation extraordinaire, gesticulent et parlent tous à la fois; ils ne veulent pas, disent-ils, en rabattre d'une feuille de tabac. Imperturbable, l'acheteur écoute sans sourciller ces belles protestations : on se sépare; le lendemain, nos rusés compères reviennent, diminuent quelque chose de leurs prétentions. Au bout de quelque huit ou quinze jours, on se trouve à peu près d'accord ; le blanc fait circuler des rasades de rhum et le marché finit par se conclure.

En traversant le Delta marécageux de la Sangha, des navires de la mission Marchand ont pu voir s'ébattre des troupeaux de quatre-vingts à cent hippopotames. Mais, contrairement à l'éléphant, l'hippopotame est doué d'une vue excellente et se tient toujours à de grandes distances. Les bons tireurs les saluèrent de nombreuses balles, sans résultat : il semblait que les projectiles glissassent sur leur peau comme sur une cuirasse de navire.

Ce ne fut pas sans un gros soupir de soulagement que l'on quitta ce Delta, où les moustiques se montrèrent plus que jamais assoiffés de sang, sans doute parce qu'ils sont voisins de peuplades antropophapes. On laissa derrière soi les moustiques, et l'on tomba sur des sauterelles.

Les sauterelles du Congo sont un fléau bien autrement redoutable que les sauterelles d'Algérie, dont les ravages sont cependant si grands.

Du pont du steam, on vit au loin monter une nuée noire qui grossissait, grossissait sans cesse, et l'on se demandait : est-ce un orage? est-ce une trombe? La réponse ne se fit pas attendre. Ce nuage n'était autre qu'un vol immense de sauterelles. Représentez-vous, si vous le pouvez, cette colonne de sauterelles large d'une dizaine de kilomètres, longue de vingt-cinq à trente. C'est un bruit assourdissant; la lumière du soleil est obscurcie, la marche du navire est presque complètement entravée; par milliers, les bestioles tombent dans le fleuve, n'ayant pas la force de le traverser; ces flocons de la neige des pays chauds, pour employer une expression très imagée, tourbillonnent autour des passagers et s'abattent sur le pont de *La Ville de Bruges* et sur les chalands. Les noirs s'empressaient d'en faire une ample récolte, car, bouillies ou grillées, ces sauterelles sont, paraît-il, d'excellentes crevettes... terrestres.

Cependant, environ la moitié du voyage de Brazzaville à Bangui s'était effectuée : les steams s'arrêtèrent à Lirranga, le seul poste occupé par les Français entre ces deux points, sur 1.500 kilomètres de fleuve environ.

Savez-vous ce que c'est qu'un de ces postes militaires sur lesquels flotte le drapeau tricolore et qui sont, à l'ombre de ces plis, comme un coin de terre française transportée en pleine Afrique? Au milieu des cases d'un village indigène, une case un peu mieux entretenue abrite ceux qui sont préposés à la garde du pavillon français. Le chef du poste est un blanc; il vit là avec deux ou trois auxiliaires noirs, en butte aux plus grands dangers, aux prises avec des difficultés incroyables. N'est-ce pas une vie toute d'abnégation et d'héroïsme que la Patrie exige de ces gardiens d'un morceau d'étoffe où l'on voit, d'après les noirs, du ciel, du lait et du sang, et qui montre que la France est grande comme le ciel, douce comme le lait et capable de verser le sang pour se venger des offenses. Songez que les plus rapprochés de ces postes sont éloignés de plusieurs centaines de kilomètres et qu'ils ne sont visités qu'à de très rares occasions. C'est cependant au concours dévoué de ces chefs de poste que des missions comme la mission Liotard, qui précédait la mission Marchand, et la mission Marchand elle-même, ont pu mener à bien leurs tâches. Quelle joie pour le chef de poste de Lirranga de recevoir ses compatriotes, d'apprendre de la bouche même de Marchand l'heureux début de l'expédition et de connaître le but poursuivi par la Mission. Mais, hélas! bien court fut l'arrêt des steams. En avant! Toujours en avant!

Un troisième rompt la colonne vertébrale... (page 136)

XIV. — En pleine antropophagie. — Nos officiers font leur marché. — Les Boudjos mangent les vivants et les morts. — L'art de tuer et de découper un homme. — Le commandant Marchand antropophage. — Une légende africaine.

A peu de distance de Lirranga, l'Oubangui vient mêler ses eaux à celles du Congo, dont il est le principal affluent de droite. Comme celui de la Sangha, le Delta de l'Oubangui est encombré d'un fouillis inextricable d'îles inexplorées, perdues au milieu de la vase, des roseaux, des papyrus et des arbres aux racines gigantesques, qui rampent comme des serpents à la surface des eaux. Peu de temps après, on franchit l'équateur, et bientôt on entra en plein pays Boudjo.

Le pays Boudjo est le pays où fleurit l'antropophagie. Les membres de la mission Marchand s'aperçurent vite qu'ils avaient devant eux des sauvages, de vrais sauvages. Les Boudjos, qui se pressaient sur les rives de l'Oubangui, s'effaraient comme une bande de moineaux dès qu'ils entendaient les sifflets des steams, mais revenaient aussi vite qu'ils avaient fui. Ils n'avaient pas, comme les noirs que l'on avait rencontrés jusqu'alors, de fusils plus ou moins perfectionnés, mais des zagaies, des arcs et des flèches. Cette absence d'armes à feu indique bien le peu de rapport qu'ont ces indigènes avec les blancs : ce peu d'empressement se comprend facilement, car les terribles Boudjos n'aiment guère les étrangers... qu'à la broche où à la marmite.

Les armes des Boudjos sont d'un travail remarquable, car ils sont d'excellents forgerons. Sur leur puissante poitrine — ces sauvages sont des athlètes, dont quelques-uns ont deux mètres de hauteur — ils portent une cuirasse en peau d'éléphant supportée par des bretelles. Cette cuirasse n'est pas entièrement fermée sur le devant, mais la gaîne d'un large couteau descend sur le thorax et le protège. Au bras est attaché un bouclier, merveille de travail de vannerie.

Les hommes ne portent qu'un pagne ou petit tablier en écorce battue, attaché à la ceinture pour tout costume. Les femmes ont un pagne plus long, formé de feuilles de bananiers tissées qui flottent et leur donnent l'aspect de ballerines. Elles portent des bracelets de cuivre et un tour de cou original, pesant huit à dix kilogrammes ! C'est une sorte de carcan, qui se termine derrière la tête par deux volutes : pour l'enlever, il faut coucher la femme sur le sol, passer des cordes dans ces volutes, amarrer ces cordes à des piquets solidement fichés en terre, les mouiller et attendre que le rétrécissement, produit par l'humidité, ait écarté les deux branches du collier. Ce n'est plus un colifichet, c'est un instrument de torture.

Les membres de la Mission descendirent au village de Doundou, l'un des plus pittoresques, pour y acheter des vivres. Etrange spectacle ! les noirs sont là, offrant des bananes, des chicouangues ou galettes de manioc, de la volaille, etc... En face, les acheteurs étalent leurs pièces d'étoffes et tous les objets de pacotille qu'ils ont grand'peine à préserver de toutes les mains tendues. Les physionomies bestiales des Boudjos ne sont rien moins que rassurantes, mais nos officiers et sous-officiers n'en ont cure et leur assurance en impose aux sauvages. Ils coupent les étoffes, distribuent les perles, et les tirailleurs emportent les vivres sur les steams. On eût bien voulu acheter quelques porcs et cabris; mais, savez-vous ce que demandaient en échange les Boudjos? On n'ose croire à de pareilles horreurs et, cependant, elles n'ont rien d'imaginaire; ils réclamaient *un homme*, non pour en faire un esclave, mais pour le manger ! Certes, l'expédition Marchand possédait bien des marchandises pour les échanges, mais elle ne tenait pas l'article demandé par les Boudjos! On se sépara froidement, mais sans querelle.

La prudence était nécessaire, car, là-bas, sur un escarpement, rangée en bataille, se pressait une foule de guerriers qui n'attendaient qu'une occasion

Indigènes avec leurs troupeaux se désaltérant à une source.

pour se précipiter sur la petite troupe des Européens.

Ne croirait-on pas rêver quand on songe que de pareilles atrocités se commettent journellement en Afrique, non seulement dans le centre du Continent Mystérieux, mais même dans les régions plus voisines du littoral? La seule différence est que les uns se cachent, comme d'un vice honteux, de leur passion pour la chair humaine, tandis que les autres, les Boudjos, par exemple, déclarent adorer l'homme... pour le manger. La chair du blanc est beaucoup plus délicate que celle du nègre, mais; faute de blancs, on se contente de négriots.

Tout est bon aux Boudjos : esclaves achetés et engraissés à l'effet de paraître en un festin d'apparat, prisonniers faits dans les razzias. Ils mangent même leurs morts, qu'ils aient succombé à la guerre ou aux atteintes de la maladie. Quelquefois, cependant, les indigènes d'un village ont la délicatesse de ne manger que les cadavres des villages voisins, et ceux-ci, par un touchant échange, achètent les morts venant du premier. Les Boudjos ont l'atroce courage de déterrer les morts pour les manger : au point que, dans nos postes, il faut garder militairement les tombes pendant deux semaines, pour éviter que les cadavres ne soient nuitamment exhumés par ces cannibales.

Un fait montrera, mieux que les plus émouvants récits, le cynisme des Boudjos. L'année qui précéda le passage de la mission Marchand sur l'Oubangui, des Boudjos étaient venus apporter des vivres sur un navire commandé par le capitaine Dumont. Les achats et les échanges terminés, les noirs ne se décidaient point à quitter le steam.

— Eh bien, leur demanda le capitaine, qu'attendez-vous encore? Alors, le chef s'avance vers M. Dumont, et lui montrant du doigt un homme de l'équipage qui, malade, gisait sur le pont, épuisé par la dyssenterie, et cyniquement :

Que peux-tu faire de cet homme? dit-il. Rien, puisqu'il est malade : donne-le-nous plutôt à manger; tu recevras des cabris en échange !

On devine l'accueil que reçut cette proposition.

La mission Marchand elle-même paya son tribut à l'anthropophagie des Boudjos : un malheureux tirailleur sénégalais, s'étant éloigné seul sur la rive ne reparut jamais : il a été, sans aucun doute, dévoré par les cannibales (1).

M. Tréchot, qui commandait l'un des vapeurs transportant les charges de la Mission, vit son navire presque pris d'assaut, une nuit, par les naturels des rives de l'Oubangui. Il s'aperçut à temps de l'invasion de son steam, et la repoussa en infligeant quelques pertes à ces noirs trop audacieux et trop gourmands de viande... blanche.

A la suite de tous ces faits, ordre fut donné de ne même plus accoster au rivage, mais de stopper au milieu du fleuve, pour se mettre hors de portée des flèches des Boudjos. Les coupeurs de bois n'osaient

---

(1) Le 14 juillet 1897, les anthropophages ont mangé M. Comte, administrateur de l'Oubangui et les six soldats de son escorte.

Vers la fin de janvier 1898, un jeune belge, M. G. Meuhans, âgé de 23 ans, a été massacré et dévoré. On a retrouvé sa tête, car les cannibales ne mangent jamais la tête de leurs victimes.

se risquer à terre qu'avec une bonne escorte destinée à tenir à distance respectable les redoutables cannibales.

Voici ce que rapporte un des membres de la mission Marchand sur « la petite opération » par laquelle on « saigne » un homme. Dans tout le haut-Oubangui, les prisonniers mâles sont tués, dépouillés, et préparés comme de simples cabris; puis, mis en morceaux et cuits dans des marmites en terre, avec assaisonnement de sel et de pilipili, espèce de poivre très goûté des indigènes. Les hommes seuls prennent part à ces festins : ni les femmes, ni les enfants n'ont le droit de goûter à ces mets réputés exquis. On ne mange ni la tête, ni les entrailles : la tête est gardée comme trophée et accrochée à un arbre, à l'entrée ou au centre des villages. Aussi voit-on parfois des arbres ornés de plusieurs centaines de crânes.

Ni les femmes, ni les enfants captifs ne vont à la marmite : les premières deviennent les esclaves des chefs, et les seconds sont généralement vendus ou même cédés à d'autres tribus, qui en sont très friandes et les paient cher. Comme on voit, le plus souvent ils ne perdent pas pour attendre.

Il est bon d'avoir l'œil sur les postes et de ne pas laisser les avenues ouvertes à tout venant, et non gardées surtout la nuit; autrement des chasseurs — amateurs déterminés — se glissent auprès des dormeurs trop confiants, vous les retournent en deux temps et trois mouvements face contre terre. Une section rapide est exécutée à l'aide d'un petit couteau en forme de serpette, juste au beau milieu de l'abdomen, pendant qu'un chasseur tient la tête et un autre les pieds, soulevés de terre, et qu'un troisième rompt la colonne vertébrale sur laquelle il appuie le pied.

La séparation devient ensuite facile, et, pendant que l'un emporte le tronc sur son dos, par les bras, un autre emporte le bassin et les jambes; les intestins, qui, pendant la première opération ont glissé sur le terrain, sont sectionnés et abandonnés. Il paraît que l'opération ci-dessus mentionnée ne demande pas plus de trois minutes pour être bien exécutée.

Les noirs ne comprennent pas la répugnance que nous inspirent leurs horribles festins humains : ils sont persuadés que nous sommes aussi des mangeurs d'hommes, mais que nous avons honte de l'avouer.

Un jour, à la table du commandant Marchand, on avait apporté une boîte de conserves de thon mariné. Dès qu'apparut aux yeux la tranche épaisse et jaune baignant dans l'huile, un chef indigène qui se trouvait là se prit à dire :

— Bon, cela! Un petit clignement d'yeux, qu'il croyait significatif et qui ne faisait qu'enlaidir sa face bestiale, accompagnait cette réflexion.

— Excellent, répondit Marchand, c'est du thon... un poisson...

— Poisson? non, pas poisson... Moi savoir...

— Toi, savoir quoi?

Et, toujours avec les mêmes signes d'intelligence, le nègre reprit :

— Moi, savoir toi manger... blanc... manger li morts de ton pays...

— Si je te comprends, je consens qu'un crocodile me croque...

Ça, répondit le chef, pas poisson... chair de blanc mis en conserve dans ton pays. Toi aussi, chef, manger li hommes...

Après un moment où Marchand se demanda s'il devait se mettre en colère, un franc éclat de rire accueillit la singulière répartie du noir, et toute l'assistance fit chorus.

Les noirs ont, d'ailleurs, des idées singulières sur les mœurs des blancs, à qui ils prêtent des sentiments qui ne brillent pas précisément par la délicatesse. Voici, par exemple, une légende recueillie par le commandant Marchand, et qui se répète dans tout le centre de l'Afrique. Les noirs sont peu communicatifs, ils savent que toute vérité n'est pas bonne à dire, et n'aiment pas à dire aux blancs tout le mal qu'ils pensent d'eux : aussi, ne fût-ce qu'avec beaucoup de persévérance et de persuasion que le commandant réussit à surprendre le conte que voici :

Les nègres croient que l'univers est peuplé de trois espèces d'êtres : 1° les blancs qui habitent la mer ; 2° les noirs qui habitent la terre ; 3° les diables qui vivent dans un grand trou, bien loin, on ne sait où.

En effet, les blancs viennent toujours par mer sur la terre habitée par les noirs, et ils leur apportent toutes ces merveilles devant lesquelles s'extasie la naïveté du nègre : miroirs, perles, bijoux, etc. Ces choses extraordinaires, les blancs les reçoivent des diables moyennant un cadeau.

Chaque année, à la même date, les blancs se rendent auprès du trou aux diables : là, au moyen de paroles magiques, de sacrifices, ils évoquent les démons, qui, à leur appel, accourent et leur apportent leurs diaboliques produits : en échange de quoi, les blancs abandonnent aux diables leur cadeau annuel.

Et, savez-vous ce que nous leur apportons ainsi? Ce sont nos mères, nos femmes, nos sœurs, nos filles!

L'échange loyalement opéré, les démons emportent leur proie, les blancs leurs trésors, et, admirez la puissance du raisonnement des noirs, voilà comme il se fait que jamais, au grand jamais, les blancs n'ont été accompagnés de femmes blanches dans leurs voyages au cœur de l'Afrique!

L'explication est simple, mais ne dénote pas un sens de la galanterie bien développé chez les nègres : ceux-ci ne voient d'ailleurs pas ce que ce marché avec les diables aurait d'infâme. Ils ne font que constater un fait et ne regrettent qu'une chose, c'est de ne pas savoir où se trouve le fameux trou aux diables : car, pour leur part, les scrupules de conscience ne les gênent pas.

Types de femmes nègres.

XV. — 1.500 kilomètres de rivière. — Une procession sacrilège. — A toute vapeur dans les rapides. — Ce que l'on peut faire avec des perles. — Mœurs des Banziris et des Sanyo. — Des noirs qui sont rouges. — Des antropophages peu mélancoliques. — Plus laids que nature !

Laissons ces scènes grotesques ou révoltantes, et rejoignons la mission Marchand, que la saison des basses eaux retient au premier rapide de l'Oubangui. Les grands vapeurs ne peuvent passer à cet endroit dangereux pendant cette période; aussi attendent-ils que, prévenu, le poste de Bangui envoie un convoi de pirogues. M. Conte — celui-là même qui allait bientôt devenir la proie des antropophages — avait fait recruter en pays Banziri 900 pagayeurs et 70 pirogues, qui vinrent au devant de la flottille de la Mission. Les petites canonnières et les chalands franchirent les rapides et, de concert avec les pirogues, naviguèrent jusqu'à Bangui. On avait enfin parcouru les 1.500 kilomètres qui séparent Brazzaville de Bangui.

Bangui marque le centre de la barbarie africaine. Les tribus des Boudjos, mangeurs d'hommes, laissent à notre poste assez peu de répit, puisque, en moins de sept mois, il eut à subir plus de vingt attaques nocturnes : dans ces engagements, plusieurs miliciens disparurent enlevés par les cannibales qui les dévorèrent. Peu de temps avant le passage de la mission Marchand, le jardinier du poste était tombé à huit heures matin, sous les coups de zagaies des Boudjos, dans son potager enclos de murs. On juge par là de la sécurité du poste en pleine nuit.

On a eu recours à un moyen très ingénieux pour tenir en éveil les sentinelles noires qui s'endorment facilement à leurs postes : chacune d'elles possède un tambour indigène et doit en frapper dès qu'un roulement s'est fait entendre, environ toutes les cinq minutes. C'est une réédition, à l'usage des noirs, du cri autrefois si connu de : « Sentinelles, veillez! » En cas d'alerte, au premier bruit insolite, au premier coup de fusil tiré, la cloche sonne et chacun s'élance en armes hors de sa case.

Rien n'est moins sûr que ces parages; assassinats et vols y sont fréquents et difficiles à réprimer. Un jour, en 1896, les soldats de garde au poste furent tout surpris de voir une procession étrange se dérouler sur la crête des collines qui avoisinent Bangui. On eût dit une réédition des promenades fameuses de la Ligue, où l'on voyait des moines brandissant d'une main un crucifix, et de l'autre une épée ou un pistolet. C'étaient des sauvages, du plus beau noir, revêtus d'habits sacerdotaux, de chasubles de toutes couleurs, de surplis, de camails rouges ou violets ; les uns élevaient dans l'air leur zagaie, les autres des crosses pastorales ou des saints-ciboires !

On eut bientôt l'explication de cette mascarade sacrilège, quand l'on vit accourir au poste les Pères de la mission catholique, qui venaient annoncer le vol dont ils avaient été victimes : de nuit, les Boudjos avaient pénétré dans la chapelle et dans la sacristie, et avaient fait main basse sur tous les objets du culte.

La petite troupe du commandant Marchand ne s'attarda pas à Bangui. Nous ne redirons pas — pour éviter la monotonie d'un tel récit, malgré ce qu'il a d'émotionnant — les souffrances endurées par elle durant sa navigation sur l'Oubangui. On rencontra toute une série de rapides, et chaque fois les difficultés augmentaient : il fallait haler avec des cordes les chalands, les pirogues et les steams de la flottille, ou bien faire passer ces derniers à toute vapeur entre les rochers à fleur d'eau : même, pour lutter contre la vitesse du courant, on dut plusieurs fois caler les soupapes, au risque de provoquer l'explosion des chaudières.

Le plus périlleux de ces rapides se trouve à 60 kilomètres en amont de Bangui : c'est le rapide de l'Eléphant. Les chavirages y sont si fréquents et tant de victimes furent englouties par les eaux du fleuve, que l'ordre fut donné de ne pas s'y aventurer avec les pirogues chargées : toutes les charges sont descenduc à terre et portées à dos d'homme sur un parcours de 500 à 600 mètres.

Le dernier méfait, dont se soit rendu coupable le rapide de l'Eléphant, est la mort de M. Juchereau. M. Juchereau, chef d'une station du Haut-Oubangui, rejoignait son poste en décembre 1895 : sa pirogue chavira dans cette passe périlleuse, et il se noya.

Les Boudjos, qui sont toujours aux aguets sur les bords du fleuve, cherchant quelque proie à dévorer, assistèrent impassibles à cette dramatique noyade ; quand la mort eut accompli son œuvre, ils harponnèrent le cadavre, le tirèrent sur le bord, et déjà ils se mettaient en devoir de le dépecer, quand ils furent surpris dans cette atroce occupation. Ils s'enfuirent, laissant sur la place le corps de M. Juchereau, auquel on put donner la sépulture.

L'Oubangui conserve jusqu'à Ouadda sa direction générale vers le Nord ; mais, à partir de ce point, il se dirige vers l'Est, dans la direction du Nil, que s'efforçait d'atteindre la poignée de héros qui traversait l'Afrique. On avait fait à peu près la moitié de la route : la partie capitale commençait à peine, et de rudes épreuves attendaient encore la vaillante cohorte du commandant Marchand.

On avançait lentement : en pagayant dix heures par jour, les piroguiers ne font pas faire à leur embarcation chargée plus de 30 à 40 kilomètres par jour. Les pagayeurs sont toujours recrutés parmi les indigènes des bords du fleuve qui sont rompus à ce labeur extrêmement pénible. L'Oubangui est, par les noirs eux-mêmes, sectionné en tronçons : ainsi les naturels des villages situés entre Bangui et Mobaye font le transport entre ces deux points; ceux des villages situés entre Mobaye et Ouadda ne dépassent pas cette station, et ainsi de suite. Chaque village doit fournir un certain nombre de pagayeurs que l'on recrute suivant un roulement établi.

Il n'est pas sans intérêt de savoir combien la mission Marchand payait le travail journalier d'un pagayeur. Le pagayeur avait droit à la nourriture et à une solde. S'il n'acceptait pas la nourriture sous forme de ration, comme celle des tirailleurs sénégalais, il avait droit à une cuillerée de perles par jour : comme salaire, il recevait une autre cuillerée de perles. Le mélange des perles le mieux accueilli comprenait un tiers de perles rouges et deux tiers de perles blanches.

Le cuivre était également très demandé, soit sous forme de fils de laiton brut, soit sous forme de barrettes pesant environ soixante grammes. La barrette équivaut à cinq cuillerées de perles. Le cuivre est l'or des régions avoisinant l'Oubangui : il se transforme de cent façons en colliers, en anneaux, en bracelets, en ornements pour manches de couteaux, de lances ou de zagaies.

Ce sont surtout les populations des villages Banziris qui fournirent les meilleurs pagayeurs à la mission Marchand. Il nous faut donc dire quelques mots des mœurs et coutumes de ces indigènes, sur lesquels un courageux administrateur du Congo, M. Bruel, a fait une intéressante étude.

Comme tous les autres peuples de la rivière, les

Banziris sont exclusivement pêcheurs et commerçants. Ils sont fort habiles à construire des nasses et à pêcher avec des filets assez semblables à nos seines. Ils fument le poisson et le vendent aux populations de l'intérieur en échange de manioc, de bananes, de maïs, d'arachides, de patates, d'ignames, de poules, d'œufs et de chèvres. Celles-ci font l'objet d'un commerce relativement important; ils les revendent à des indigènes des villages éloignés de plus de 300 kilomètres des leurs, qui les achètent trois fois plus cher qu'elles ne valent en pays Banziri. En échange, les Banziris acceptent du fer doux, qui se travaille facilement, et avec lequel on fait des armes superbes.

Les femmes Banziries portent de longs cheveux tressés en petites nattes, qui, très souvent, sont allongées — non avec de faux cheveux — mais avec de petites cordes. Certaines de ces chevelures tombent jusqu'au milieu du dos et pèsent plusieurs kilos, et quelques élégantes en ont de si longues, que, pour les empêcher de traîner sur le sol, elles sont obligées de les enrouler en turban autour de la tête, ou de les relever sur l'épaule à l'aide d'un bâton. Elles portent un grand nombre de colliers de perles rouges et blanches.

Le costume proprement dit est des plus sommaires: une ficelle autour de la taille, qui supporte un petit pagne en écorce de figuier battu. Aux bras et aux jambes, elles ont d'immenses bracelets, formés de fil de fer enroulé en spirale très serrée, qui leur montent jusqu'au coude et jusqu'aux genoux. Elles ont très souvent les lèvres percées, pour laisser passer un petit anneau ou un disque de plomb ou d'étain qui a parfois trois centimètres de diamètre.

Les villages Banziris sont, en général, au milieu de clairières le long du fleuve, et les cases, par groupes de cinq ou six, séparées du groupe voisin par quelques mètres de brousse ou de forêt.

Mobaye est le centre des Sango, qui occupent une quarantaine de villages habités par 14 ou 15.000 hommes. Les Sango, comme les Banziris, sont pagayeurs et pêcheurs. Ils rendirent de grands services à l'expédition Marchand.

Le poisson est excellent, mais ne ressemble à aucune de nos espèces d'Europe. Parmi les plus curieux, il faut signaler le poisson-trompe, ainsi nommé parce que sa tête est terminée par une petite trompe, et les silurides reconnaissables à leur grosse tête et aux longs barbillons qui garnissent leurs lèvres. Certains sont de grande taille, $1^m,50$, et pèsent jusqu'à 50 et 60 kilos. Les femmes pêchent avec un petit filet des poissons excellents comme friture : elles les mettent à mesure dans un petit panier qu'elles portent attaché au front.

Les Sango sont de fort beaux hommes, grands et bien musclés, surtout des bras et de la poitrine. Comparativement aux membres supérieurs, les jambes sont presque toujours un peu frêles. Cela s'explique d'ailleurs facilement, le pagayage ne développant que le haut du corps.

Ils ont un tatouage caractéristique. Ce sont de petites excroissances de peau, qu'ils se font au milieu du front, verticalement, au nombre de six à huit.

Chacune a l'aspect d'une larme, et l'ensemble l'aspect d'une crête de coq.

Plus encore que les Banziris, ils se mettent des perles dans les cheveux, qui sont tressés en petites nattes. Les modèles varient à l'infini : certains ont la forme d'un casque avec cimier et couvrent la nuque. Les modes sont variables comme chez nous, et parfois les anciennes coiffures, dans lesquelles des baies sauvages de couleurs diverses remplacent les perles, reparaissent.

On porte beaucoup de bracelets en cuivre rouge. Quelques-uns sont fondus et travaillés, d'autres faits seulement avec le fil de cuivre brut, dont on se sert pour les payer. Les femmes élégantes portent de ces bracelets à la cheville, au dessous et au dessus du genou, au poignet et au dessus du coude.

On s'épile soigneusement les sourcils et les cils, que l'on remplace par des traits faits au noir de fumée. On s'enduit souvent le corps d'huile de palme mélangée de *mlio*, poudre de bois rouge, qui conserve à la peau sa souplesse, et, de ces noirs, fait des peaux-rouges.

Ces populations de l'Oubangui sont gaies et affables, toujours prêtes à rire, à chanter et à s'amuser. Cependant tous ces noirs sont antropophages, ce qui prouve que les mœurs atroces du cannibalisme ne sont pas incompatibles avec une douce gaîté, résultant sans doute de la sécurité de la conscience!

Quelques noirs riverains de l'Oubangui ont l'habitude de se percer les oreilles et d'en agrandir le lobe, jusqu'à pouvoir y introduire une rondelle d'ivoire ou une petite glace de poche de 7 à 8 centimètres de diamètre. Le sens esthétique des noirs ne vise pas à autre chose qu'à déformer la nature : les blanches coquettes cherchent à s'embellir, les noires ne songent qu'à se rendre plus laides que la nature ne les fit.

Ainsi les indigènes de l'intérieur se percent la lèvre inférieure pour y sertir un ou deux *baguéré* ou cônes de quartz poli, long de 8 à 10 centimètres et d'un diamètre de 8 à 10 millimètres. Naturellement, ce poids fait pendre la lèvre, et, comme celle du dessus est perforée, sous le nez, pour permettre d'y loger un disque de bois ou d'étain de 2 à 3 centimètres de diamètre, épais de 1 centimètre, les deux lèvres font saillie et font une sorte de bec de canard.

Ce n'est pas tout encore. La cloison du nez est perforée, et on y introduit soit plusieurs brins de paille, soit un morceau de bois de 10 à 12 centimètres de long. Enfin, les narines sont percées, elles aussi, et servent à porter deux ou trois brins de chaume qui se dressent vers le ciel !

Des équipes de 1500 à 1800 noirs s'attelaient à des cordes... (page 152)

XVI. — Les œufs de Pâques du commandant Marchand. — Les petits bateaux ont des jambes. — Labeur épique. — Les trente rapides du M'Bomou franchies en deux mois. — Le lieutenant de vaisseau Morin meurt à la peine. — Une tombe dans la forêt vierge.

Le jour de Pâques 1897, le commandant Marchand parvenait avec toute sa Mission au confluent de l'Oubangui et du M'Bomou. Arrivé là, il devait renvoyer sa flottille prendre des porteurs et, remontant vers le Nord par la voie de terre, gagner Dem-Ziber et de là se diriger vers Fachoda à travers le Kordofan.

Ce même jour, un courrier remit à Marchand une lettre qui, d'un seul coup, renversait des projets longuement élaborés et mûris : c'étaient les œufs de Pâques du commandant ! Un commissaire du gouvernement français, M. Liotard, avait été envoyé dans la région de l'Oubangui, pour préparer les voies à la mission Marchand. Arrivé à Dem-Ziber, il apprend que toute la région du Kordofan était en pleine insurrection : les Derviches avaient prêché la guerre sainte, et si la petite troupe du commandant s'aventurait au milieu de ces tribus fanatisées, elle courrait à une perte certaine. Il s'empresse donc d'adresser à Marchand l'affectueux épître que voici :

Dem-Ziber.

Mon cher Commandant,

Vous êtes, bien entendu, le maître absolu de la conduite de votre Mission. Aussi, est-ce à titre purement amical, et afin que vous agissiez en toute connaissance de cause, que je vous fais part des événements récents qui ont eu le Kordofan pour théâtre.

Vous trouverez ci-joint les divers documents qui me sont parvenus. S'il m'était permis de vous donner un conseil, je vous dirais qu'à votre place, je renoncerais à remonter par le Nord. Je m'efforcerais de profiter aussi longtemps que possible du courant de la rivière M'Bomou, d'arriver ainsi le plus près du cours du bras principal du Bahr-el-Ghazal, et de gagner le Nil par cet affluent, avec étapes à Tambourah, Yaoued, El Gersch, etc., etc.

Mais, je le répète, ce n'est là qu'un conseil.

N'y voyez, je vous prie, mon cher Commandant, qu'une nouvelle preuve de l'intérêt amical que je porte à votre admirable expédition, et recevez les souhaits de votre dévoué,

LIOTARD.

Cette lettre attrista Marchand, sans le décourager. Songez que tout était prêt pour suivre les routes de terre, et qu'il allait falloir s'engager dans une région presque totalement inconnue, car d'immenses marais la rendent inaccessible ! Certes, le commandant n'ignorait pas les périls de la voie de terre, qui se déroule à travers l'éternelle monotonie des hautes herbes de la brousse, où fourmillent les hyènes, les rhinocéros, les buffles, les éléphants et les hommes, plus méchants encore que ces monstres. Mais, il avait tout prévu, et maintenant il fallait ou reculer, ou se lancer à corps perdu dans l'inconnu.

Reculer ? qui donc oserait prononcer ce mot devant le commandant ? Des deux routes qui mènent à Fachoda, l'une, la plus facile malgré ses dangers, se trouvait fermée ; l'autre était inexplorée et presque inaccessible : on la prendrait ! On avait décidé de se séparer de la flottille ? on la garderait ; il faudrait peut-être les faire marcher sur terre, eh bien ! qu'importent les labeurs de géant à une troupe de héros ?

Une heure après la réception de la lettre de M. Liotard, le commandant expliquait à son état-major et à ses troupes ce qu'il allait exiger de leur initiative, de leur valeur, de leur endurance : la Mission suivrait le M'Bomou, de là se dirigerait sur Tambourah (1), situé sur le Soueh, affluent du Bahr-et-Ghazal, qui se

---

(1) Le nom de M. Liotard est irréparable, bien que moins populaire, de celui du commandant Marchand. Pendant que celui-ci s'occupait de la concentration si longue et si difficile de sa mission, M. Liotard, depuis longtemps sur le M'Bomou (1894-95), négociait avec les chefs de Rafaï, de Tambourah, etc., fondait des postes, recrutait des porteurs, et s'assurait des bonnes dispositions des indigènes par une profusion de cadeaux.

jette dans le Nil. Les ordres sont donnés : un premier groupe d'officiers fera le relevé hydrographique et topographique du cours inférieur du M'Bomou encore bien mal connu à cette époque. Cette besogne préparatoire, si absolument nécessaire, demanda du temps.

Vingt jours s'écoulèrent avant que nos braves officiers, devenus ingénieurs hydrographes, revinssent, rapportant des renseignements précis et précieux sur le bief inférieur de la rivière M'Bomou. Attendues avec impatience, ces constatations n'eurent rien de bien encourageant, et, pour d'autres que cette poignée de héros, la possibilité de la marche en avant eût paru une tâche surhumaine. Encore rien ne prouvait que le cours supérieur du M'Bomou fût lui aussi navigable ; et, le fût-il, que le Soueh offrît à son tour une route accessible à nos navires.

On avait relevé, dans le cours capricieux du M'Bomou, *trente rapides, trente chutes*, parmi lesquelles quelques-unes seraient absolument infranchissables pour le *Faidherbe*, et les chalands, ou boats d'acier, que le commandant avait résolu d'emmener avec lui jusqu'au Nil.

Trente échelons à gravir par toute la flottille de la mission Congo-Nil ! Trente barrages ! Labeur épique ! Chacun se met à l'œuvre, les embarcations sont halées, au moyen de cordages, dans les passes relativement aisées : pour les autres, un moyen radical s'impose. Si la rivière se refuse à recevoir les navires, ou, comme dit la chanson, « les petits bateaux qui vont sur l'eau », les petits bateaux auront des jambes pour s'avancer sur la terre ferme. Alors, on établit à l'endroit des grandes chutes de Hansens, Gozobangui, Irikassa, Ingoufourou, Baguessé, des sections de routes larges de dix mètres, longues de plusieurs centaines de mètres, contournant les rapides : heureux encore si l'on trouvait un sol résistant.

Le cours du M'Bomou est enserré par la forêt vierge; il fallait donc, avec des haches, des sabres d'abattis, parfois avec le feu, tailler un passage pour les navires. Si le terrain était solide, on disposait de place en place, à un ou deux mètres de distance, des rouleaux faits avec des troncs d'arbres grossièrement façonnés à la hache. Alors, à force de bras, on hissait sur la berge vapeurs et chalands d'acier, préalablement déchargés.

Des équipes de 1.500 à 1.800 noirs s'attelaient à des cordes et, en cadence, parfois au son des tambours indigènes, parfois au rythme des chansons, lentement, avec d'infinies précautions, elles faisaient glisser sur cette voie, (spectacle étrange!) ces masses énormes.

Dès qu'un bief libre se présentait dans la rivière, la flottille se remettait à l'eau et naviguait jusqu'au barrage suivant : de nouveau l'on déchargeait les bagages, on les transportait à dos d'hommes au-delà du rapide, et l'on faisait remonter les navires à terre.

Mais parfois, au lieu du roc ou du terrain résistant, on ne trouvait qu'un sol spongieux, vaseux, dans lequel on s'enfonçait à mi-jambes; et, de cette vase fluente et chaude, s'échappaient des miasmes délétères qui infectaient l'air, et des légions de moustiques, plus sanguinaires que jamais, s'acharnaient sur les travailleurs. A la hache, mais le plus souvent à la dynamite, on abattait des coins entiers de la forêt vierge, qu'on jetait avec des fascines dans cette fange; parfois même on construisait des ponts de bois sur pilotis. Et, de nouveau, les navires s'avançaient lentement, majestueusement sur la route que leur avaient faite ces géants.

Aussi mit-on deux mois pour franchir les trente rapides du bas M'Bomou; heureux si, à la fin de la journée, on avait avancé de quelques kilomètres!

Songez à ce labeur acharné, songez à cette lutte contre la nature rebelle, songez à l'ardeur d'un soleil si terrible, que les officiers ne pouvaient exiger de leurs hommes plus de deux heures de travail consécutif, songez aux angoisses que causait à ces braves la crainte d'un insuccès, et ne vous étonnez pas que l'un des plus vaillants parmi ces braves, le lieutenant de vaisseau Morin, se soit senti brisé par cette tâche digne d'hercule.

Toujours le premier attelé aux difficiles besognes, n'oubliant personne, mais s'oubliant lui-même, le lieutenant de vaisseau Morin, avec un courage stoïque, dompta pendant longtemps la fièvre, l'insidieuse fièvre des bois et des marais, qui, sourdement, le minait et le forçait à grelotter par une chaleur torride. Il sentait que s'il désertait trop tôt son poste, le découragement, la panique peut-être, s'emparerait des travailleurs et compromettrait le succès de l'expédition tout entière. Aussi résista-t-il, au-delà des limites de l'énergie humaine, au terrible mal qui le rongeait, et c'est à peine s'il confia à ses camarades, au capitaine

Germain et au lieutenant Gouly, ses sombres appréhensions.

Enfin, le 20 juin, la flottille arrive en amont de Baguessé, après avoir franchi, sans accidents graves, la région des montagnes et la série des trente chutes du M'Bomou : au-delà du dernier rapide de Baguessé, la flottille peut s'élancer joyeusement, dans un bief libre de barrages, à la conquête du Nil français. Le lieutenant Morin a mené à bien la tâche que Marchand lui a confiée : maintenant, il peut mourir. Alors, il se couche dans une pirogue et, après une courte agonie, il meurt.

Dans un coin de la forêt vierge une fosse est creusée, et c'est là, qu'enveloppé dans les plis de ce drapeau auquel il a donné sa vie, qu'il dort son éternel sommeil. Ses compagnons érigent sur sa tombe une croix faite de deux branches d'arbre et, les larmes aux yeux, abandonnent leur malheureux frère d'armes, car la tâche qu'ils ont à terminer ne leur permet même pas les longs regrets ! Mais ils ne l'oublieront pas, et la Patrie, en deuil de son enfant, conservera pieusement le souvenir de son nom et de son sacrifice.

Malheureusement une des pirogues chavire... (page 159)

XVII. — Lettre d'un sous-officier : des soldats dignes de leur chef. — La reconnaissance du haut M'Bomou par le capitaine Baratier. — Une halte. — Fatalité ! Des robinsons sur un îlot de vase. — La tornade libératrice.

Pendant que s'effectuait cette traversée épique des rapides du cours inférieur du M'Bomou par la flottille de la Mission, le capitaine Baratier partait de Baguessé pour faire la reconnaissance du cours supérieur de la rivière.

Le cours supérieur du M'Bomou était alors totalement inconnu non seulement des Européens, mais encore des indigènes qui n'avaient jamais osé s'y aventurer. On peut juger par là de la hardiesse du plan conçu et exécuté par le commandant Marchand ! Les naturels eux-mêmes prétendaient que le haut M'Bomou n'était pas et ne pouvait pas être navigable. Si ces pessimistes affirmations se trouvaient contrôlées, savez-vous le travail réservé à notre poignée de héros? Elle aurait à faire franchir à la flottille *sept cents kilomètres* de montagnes, ravins, forêts et marécages inexplorés, pour aboutir à Soueh, dont, nous l'avons dit, la navigabilité n'était rien moins que certaine. Néanmoins, le commandant était sûr de réussir, parce qu'il avait puisé dans son ardent patriotisme une invincible énergie, qu'il savait insuffler à tous ceux qui l'approchaient. Lisez cette lettre qu'écrivait à un de ses cousins, un sous-officier aux tirailleurs sénégalais qui escortaient le commandant :

« ... Si nous réussissons, j'oublierai de bon cœur tous les dangers et toutes les fatigues. Mais, que de difficultés, que de combats à surmonter contre la nature, et peut-être les hommes! Les Derviches ne sont pas commodes, et le bateau que nous traînons depuis Loango, tantôt par eau, tantôt par terre, à travers les marécages, les forêts et les rochers, ne va pas seul sur le Nil. Ah! quand nous l'aurons lancé sur le grand fleuve, il y aura en Europe des gens bien étonnés, stupéfaits, désappointés.

» Nous n'avons pas de repos, car un jour de retard rendrait tous nos efforts inutiles; tout ce que nous aurions fait serait en pure perte si les Anglais ou d'autres occupaient notre route quand nous voudrons passer. Je crois au succès, à la condition de bien marcher; malgré mon espoir, j'ai une crainte secrète d'arriver trop tard. *Quand tu liras cette lettre, nous serons sur le Nil, ou bien nos os blanchiront lente-*

Les pirogues furent remises à l'eau. (page 162)

ment dans la brousse d'Egypte sous un ciel de plomb. *Si nous sommes détruits, je crois que je garderai au-delà de la mort le regret de ne pas avoir réussi.* Oui, mon seul désir, à l'heure actuelle, est de voir le *Faidherbe* promener nos couleurs entre Khartoum et Gondokoro... »

25 juillet 1897.

Avec de tels hommes, avec un pareil chef, la mission Congo-Nil ne pouvait pas ne pas réussir.

Le capitaine Baratier emmena trois pirogues avec ses instruments de géodésie, des munitions et des vivres en prévision d'un voyage de plusieurs mois. L'escorte était composée d'une dizaine de tirailleurs, sous le commandement du jeune sous-officier Bernard. Le départ eut lieu le 1er juin 1897.

Pendant quelques jours, la navigation n'offrit rien de particulier, et, presque sans difficulté, les pirogues, vigoureusement enlevées par les robustes pagayeurs, atteignirent le poste avancé de Zémio, au-delà duquel on allait entrer dans l'inconnu. Les pirogues remontaient allègrement le courant : on opérait des sondages, tout allait pour le mieux; le haut M'Bomou offrait une régularité surprenante comme débit, comme profondeur, comme largeur. La flottille se trouvait là dans d'excellentes conditions de navigabilité.

Malheureusement une des pirogues, celle qui contenait la plus grande partie des vivres, chavire sans qu'il soit possible de sauver la cargaison : voilà notre petite troupe obligée de subvenir elle-même à sa nourriture, ne voulant pas épuiser d'un coup la réserve des vivres qu'elle avait apportés. Ce n'était pas chose facile, car la rivière est si enserrée par la forêt vierge, que l'on croyait naviguer entre deux rangées de falaises de verdure, et l'on était prisonnier entre ces deux murailles. Restait la pêche : mais, hélas ! le poisson avait un goût si répugnant, que les estomacs les plus solides se refusaient à l'absorber.

Les privations, la chaleur, l'humidité, le surmenage, ne tardèrent pas à affaiblir cette petite troupe, et particulièrement les piroguiers : c'est ce qui pouvait arriver de plus désastreux pour l'expédition, car la maladie des pagayeurs allait la forcer à interrompre sa marche en avant.

Le capitaine fit remplacer les pagayeurs par les porteurs noirs; mais ceux-ci, malgré leur bonne volonté, ne tardèrent pas à être épuisés de fatigue et incapables de continuer plus longtemps ce métier de pagayeur, qui exige une force musculaire considérable, et surtout un long entraînement. Les tirailleurs, le sergent, le capitaine même, s'emparèrent des pagaies; mais si leur force de volonté et leur désir du succès les soutenaient dans ce rude labeur, l'endurance, que seul donne l'entraînement, leur faisait défaut.

On avançait donc très péniblement et l'angoisse augmentait d'heure en heure, car la faim arrivait menaçante et conseillère des pires résolutions. Les tirailleurs, avertis par leur capitaine, se tenaient, le fusil chargé, prêts à tout événement, et surveillaient de près porteurs et piroguiers, dont le mauvais vouloir commençait à se manifester par des murmures à peine dissimulés.

Fort heureusement, Baratier, la lorgnette aux yeux, aperçut au loin comme une tache claire sur une des murailles de verdure que cotoyaient les pirogues : c'était une clairière, c'était le salut, sans doute, car c'était le repos possible et guérisseur. Il la montra à tous, et, les forces revenant avec l'espoir, les embarcations ne tardèrent pas à aborder à la rive.

On descendit, et le capitaine annonça à ses hommes qu'il leur accordait un repos de trois jours : on amena les pirogues à terre où elles furent gardées à vue, comme des prisonniers, par les tirailleurs, car, si elles venaient à manquer, c'était l'impossibilité de fuir ces parages. Trois jours de repos! perspective agréable, mais aussi trois jours, sinon de jeûne, au moins d'abstinence. Chacun se mit en quête, et l'on fut tout heureux de constater qu'au tableau de la chasse, le soir, figuraient, entre autres pièces, deux singes de taille respectable qu'avait tués le sergent Bernard.

Du singe, quel régal pour des affamés! La gaîté revenue, les noirs se mirent à organiser immédiatement des chœurs de danse et, à la clarté des grands feux qui se reflétaient dans les eaux du M'Bomou, et faisaient paraître plus sombre encore la sombre forêt vierge qui encerclait la clairière, on dansa une grande partie de la nuit. Le capitaine Baratier était enchanté de cette gaîté, qui, jointe à d'amples distributions de quinine, ne pouvait que contribuer à chasser la fièvre hideuse, tapie dans l'épaisseur des roseaux des rivières, dans l'obscurité des forêts, dans l'humidité putride du sol.

Si nous allions en Afrique équatoriale, que de loin nous voyons si belle, si attirante, si luxuriante, peut-être éprouverions-nous quelque désillusion. Tout d'abord, point d'azur méditerranéen, mais un ciel presque continuellement triste et gris; point de lumière dorée, mais un soleil pâle bien que brûlant, une atmosphère lourde et étouffante, voilà pour la journée. Le coucher du soleil offre, cependant, parfois un spectacle merveilleux et grandiose; mais, bientôt le ciel, où s'étendaient des nappes d'azur lamées de vermeil, où semblaient couler des rivières de diamants, brusquement s'assombrit comme si l'on tirait un rideau : c'est la nuit.

« Alors, dit un des membres de la mission, des senteurs âcres et une odeur de fange montent subitement à la gorge. On se sent saisi par un malaise, une oppression générale produite par les miasmes putrides... Il semble que ce soit le signal à des myriades d'insectes venimeux et dévorants, pour s'emparer de l'atmosphère qu'ils emplissent de leurs bourdonnements, de leurs bruissements, de leurs grincements. L'espace et la terre sont à eux et aux millions de microbes malsains, avec lesquels ils semblent faire chorus dans une vaste bacchanale qui ne doit cesser qu'au lever de l'aurore... »

Les trois jours écoulés, les pirogues furent remises à l'eau, et le voyage d'exploration continua : les pagayeurs reposés et guéris reprirent, en chantant, leurs pagaies qui, en cadence, frappaient les eaux verdâtres du M'Bomou. Les noirs, quelques jours auparavant si près du découragement, de la défaillance, de la trahison même, sentaient en leur chef tant de confiance et d'audace, qu'ils se voyaient déjà au bout de leurs peines et qu'ils oubliaient les misères passées.

Mais les vivres se faisaient de plus en plus rares; les provisions de légumes secs et de lard salé, cependant si parcimonieusement distribuées, suffiraient à peine à la petite troupe pour terminer l'exploration, car il fallait songer au retour. Or, d'après les calculs du capitaine, trois jours au moins étaient nécessaires pour atteindre le point terminus.

Ce point tant désiré, on allait l'atteindre enfin, quand on se trouva dans une situation cruellement embarrassante : la rivière présentait, à un certain endroit, deux bras entre lesquels il fallait choisir. L'un semblait plus profond et plus accessible aux pirogues, l'autre paraissait moins une rivière qu'une prairie de papyrus. Par une déplorable fatalité, on se lança dans le bras aux eaux libres : les pirogues volaient sur la surface des eaux; tous étaient heureux, riaient et chantaient quand soudain, un soir, les pirogues vinrent s'enliser dans un banc de sable et de vase, d'où, malgré d'énergiques efforts, on ne put les dégager. Il fallut attendre le retour de la lumière du jour, pour se mettre en quête de la bonne voie. Or, pendant la nuit, les eaux baissèrent avec une telle rapidité, qu'au matin la situation apparut plus critique encore qu'on n'eût pu le supposer. Les pirogues s'étaient engagées dans une véritable cuvette : les eaux basses permirent de reconnaître que, pour rentrer dans la vraie rivière, il faudrait franchir une immense barre de sable et de vase que, la veille, les hautes eaux avaient cachée aux yeux des piroguiers.

Abandonner les pirogues et retourner à Baguessé, en se frayant une route à travers l'immensité de la forêt vierge, il n'y fallait pas songer. On campa donc.

On ne voyait aucune issue à cette terrible situation : la mort violente de quatre porteurs, qui avaient déserté et s'étaient enlisés dans les fonds mouvants de vase, indiquait trop nettement l'impossibilité de la fuite. Trois, puis quatre, puis cinq, puis six journées se passèrent dans de mortelles angoisses pour ces malheureux robinsons jetés sur un banc de fange où la famine les guettait.

Le sixième jour vit enfin le terme de leurs souffrances. Le capitaine Baratier, désespéré de ces retards si préjudiciables à la Mission tout entière, s'entretenait avec son sergent d'un nouveau projet de délivrance, quand soudain le ciel s'obscurcit.

En plein jour, la nuit se fait plus noire que les nuits les plus noires : c'est l'annonce de la trombe, de la tornade comme on dit en Afrique, c'est le fléau qui se fait le salut. Le vent se lève, les roulements de tonnerre se succèdent sans interruption, les éclairs déchirent de leur fulgurante blancheur l'opacité des nuages. Maintenant le vent souffle en tempête, déracinant les arbres, aveuglant les hommes, faisant tournoyer des colonnes de sable. Le tonnerre et les éclairs font rage ; enfin, la pluie tombe.

Les plus violentes averses de nos régions, celles que nous appelons, avec un peu d'exagération, des trombes d'eau, ne sont que jeux d'enfants, à côté des pluies diluviennes des pays équatoriaux. Ce sont des abats d'eau, des cascades qui tombent des nuages sur le sol et qui, en moins d'une heure, font d'un filet d'eau un torrent dévastateur. Des explorateurs ont vu dans ces régions le lit d'une rivière à sec le matin, rouler des masses incroyables d'eau vers midi, et le soir être de nouveau presque entièrement desséché.

Aussi, avec quelle joie est accueillie cette pluie libératrice! Les eaux montent, montent, montent toujours. Les pirogues sont à flot, les pagayeurs à leur poste et, au commandement énergique du capitaine Baratier, on franchit le malencontreux seuil de sable, et l'on sort sans encombre de cette impasse, où notre petite troupe avait failli trouver la mort.

Quelques jours plus tard, la reconnaissance du Haut M'Bomou était terminée jusqu'à son confluent avec le Bokou, et Baratier faisait parvenir à Marchand cette nouvelle qui fit bondir dans sa poitrine ce cœur de héros : la rivière libre de tout obstacle offrait un bief splendide de *huit cents kilomètres*, sur lequel la flottille pourrait naviguer en toute sécurité!

J'ai vu un lion à crinière noire. (page 174)

XVIII. — Le journal d'un brave. — Une aventure rétrospective du capitaine Germain. — Nouveau portrait de Marchand. — Pour le drapeau! — La chanson des pagayeurs. — Des antropophages complaisants. — Les cure-dents du capitaine. — Tous amis et frères!

Malgré la précision des renseignements fournis par le capitaine Baratier, le commandant Marchand fit partir le 8 août, comme avant-garde, le capitaine Germain : un complément de reconnaissance était nécessaire, car Baratier n'avait emmené avec lui que des embarcations d'un très faible tirant d'eau. Nous sommes assurés d'intéresser nos lecteurs en leur mettant sous les yeux le récit de cette exploration fait par un sous-officier qui accompagnait le capitaine Germain. Rien de plus vivant, de plus gai, de plus gamin et de plus éloquent à la fois :

« Mon cher Papa,

» Vingt-trois jours de repos à Baguessé, tu ne te figures pas le bien que cela nous a fait. Depuis deux semaines au moins, pas de fièvre. Je *rengraisse*. Entre nous, j'en avais besoin. Je finissais par ressembler à notre ami Martin, le maître d'école que tu appelles toujours « mon vieux squelette ». Mais, à présent, je suis presque gras.

» C'est égal, j'en aurai du plaisir à me retrouver auprès de toi, de tous nos amis, de bavarder le soir, en humant la bonne bière du père Lesterlé. Ce n'est pas que je m'ennuie, on n'en a pas le temps. C'est tout juste si, le soir, avant de s'endormir, on a cinq minutes pour penser à ceux de France, à toi, papa... et puis à ma petite Louise. Dis-lui que je l'aime bien. Je lui ramènerai son fiancé au complet. Il sera, il est vrai, un vieil Africain tout tanné, mais le cœur sera frais comme une rose et tout entier à vous deux.

» Donc, ce matin, le capitaine Germain, de l'artillerie de marine, m'arrêta au moment où je remontais de la rivière. J'avais essayé de pêcher un crocodile, mais ça n'avait pas mordu. En voilà des lézards qui ont de l'astuce!

» Enfin, le capitaine, un lapin, vois-tu, comme tous nos officiers d'ailleurs, me dit :

— Jacques !...

» Car, il m'appelle par mon petit nom ; faut que je te marque ici pourquoi ; d'abord, ça te prouvera que, même amaigri, ton fils a conservé bon pied, bon œil; et, ensuite, tu verras que je n'ai pas oublié tes recommandations de vieux combattant de 1870 et que je ne lâche pas mes officiers...

» C'était dans le bas M'Bomou. Il y a là une suite de rapides et de cascades, avec des rochers rouges, où l'eau se brise, fait des tourbillons de tous les diables. Avec le capitaine Germain, nous reconnaissions la brousse. Il n'était pas frais, le capitaine. Une fichue fièvre, la bilieuse hématurique, comme il dit, le mettait dans l'impossibilité de fourrer une patte devant l'autre. Alors, il s'était collé en palanquin. Tu sais, faut pas te figurer un palanquin à huit ressorts.

» Pour fabriquer l'ustensile, on prend deux perches, on les relie entre elles par une claie de roseaux tressés. On appuie l'extrémité des perches sur les épaules de quatre noirs; le malade se couche sur la claie... et au trot. Voilà comme se trimballait le capitaine.

» Il avait une mine jaune, les joues creuses. Parole, on aurait plutôt cru un malade que l'on portait à l'hôpital, qu'un soldat devant combattre. Seulement, tu sais, faut pas se fier aux apparences. On marchait dans des fourrés, en ouvrant sa route au sabre d'abattis. On allait sans voir à dix pas devant soi. Ce que c'est rigolo une ballade comme ça! il faut l'avoir faite pour s'en douter...

» Tout à coup, *pfuit, pfuit, pfuit!!!*... Voilà un tas de flèches qui se mettent à siffler autour de nous. Le capitaine saute à bas de son hamac, tire son revolver et nous fait ouvrir le feu. On démolit les moricauds qui nous avaient attaqués, on les met en fuite.

» Après ça, on songe à revenir vers le gros de la Mission. Mais, va te promener! Les porteurs, qui sont bien les bêtes les plus lâches qu'il soit possible de rencontrer, s'étaient éclipsés pendant la bataille. Sur les cinq hommes qui accompagnaient le capitaine, deux étaient blessés; pas bien, fort heureusement, mais assez tout de même pour avoir assez à faire de se porter. Et puis, v'lan... le capitaine se remet à grelotter, à claquer des dents. Sa bilieuse hématurique le reprenait. Fallait le porter, il n'y avait pas à dire « ma belle amie ». Seulement, c'est lourd un homme, dans ces chemins qui n'en sont pas. Le capitaine, qui est bon garçon tout plein, dit comme ça :

— Allez-vous-en, mes enfants, vous reviendrez me chercher avec du renfort.

» Tu vois le coup! On l'aurait laissé là, dans la brousse, et on l'aurait retrouvé sans tête, car ces gueux de nègres, ils ont la manie de décapiter les blancs. Ils s'y entendent, faut voir, à rendre des points au bourreau de Paris. Pas besoin de guillotine, va. Un mauvais coupe-gorge, et, en deux temps, trois mouvements, ça y est. On est raccourci. C'est épatant ce qu'on perd facilement la tête dans ce pays. Bien sûr que les chapeliers n'y font pas fortune!

» Pour en revenir à mon histoire, je dis aux deux hommes valides :

— Prenez les pieds du palanquin, je prendrai la tête.

» Le capitaine proteste :

— Merci, sergent... mais vous-même, vous êtes affaibli... vous ne pourrez jamais.

— Je vous dis que si, mon capitaine.

» Et, comme il voulait toujours qu'on le plaque là où il était, je lui glisse en riant :

— Je vous propose un pari.

— Un pari ? qu'il dit.

— Oui, deux sous que je vous ramène.

» Alors, il a ri, et il s'est laissé faire. Quelle suée, papa ! Le pays ici est brûlé par le soleil, la terre est sèche comme de l'amadou, mais moi j'étais à tordre en arrivant.

» Le capitaine est resté quatre jours sans pouvoir se lever. Alors, ça a été mieux. Il m'a fait venir, et il m'a serré la main.

— Sans toi, je dormirais dans la brousse, qu'il m'a fait.

» Il avait l'air ému. Et moi, ça me gagnait aussi. Alors, pour pas pleurer, ce qui est tout à fait bête de la part d'un soldat, je lui dis :

— Vous savez que vous me devez deux sous, mon capitaine ; je vous ai ramené, j'ai gagné le pari.

» Il a ri comme une petite baleine, et puis, il m'a dit un tas de choses aimables, que j'étais un brave cœur, et puis ceci, et puis cela. Je vous ai prévenu, c'est la crème des hommes. Pour finir, il s'écrie tout d'un coup :

— Comment t'appelles-tu ?

— Jacques, que je réponds. Je reprends bien vite :

— C'est-à-dire que c'est mon petit nom. Sur les contrôles de la compagnie, je suis porté...

» Il me coupe la parole :

— Ça, je m'en moque. Jacques me va. Eh bien, Jacques, tu ne me quitteras plus. Nous aurons encore du mal avant d'arriver au Nil, mais nous arriverons quand même. Cela me fera plaisir d'avoir auprès de moi un ami sûr, et toi aussi, peut-être, seras-tu satisfait de te savoir un ami.

» Tu me vois, hein, l'ami de mon capitaine. J'ai bafouillé quelque chose pour le remercier, mais je ne savais plus ce que je disais. S'il a compris, il a plus de chance que moi.

» Mais je *bavasse*, je *bavasse* comme une pie borgne..

» Je continue. Où en étais-je donc ? Ah oui ! le capitaine Germain m'arrête comme je rentrais au fortin des rapides, et il m'interpelle.

— Jacques ! Nous partons tantôt.

— Chic, que je réponds; çà ne sera pas trop tôt que la Mission se grouille un peu, capitaine; on commence à prendre racine ici

— C'est pas la Mission qui part.

— Ce que c'est donc?

— Nous, avec vingt tirailleurs, un chaland et des porteurs.

— Ça va tout de même.

» Il me tend la main, car c'est pas des mots en l'air, nous sommes amis.

— Apprête-toi, c'est pour dix heures.

» Il était neuf heures et demie.

— Bon, je lui dis; je n'aurai pas le temps de me faire friser au petit fer.

» Tu vois, je lui parle comme je parlerais à un camarade... Enfin, dix heures sont sonnées. Il fait déjà une chaleur que le diable prendrait un éventail. Les vingt tirailleurs qui partent avec nous sont rassemblés le long du retranchement, dans la bande d'ombre...

» C'est le 8 août 1897. Il faut tout de même partir. Le reste de la Mission nous suivra à dix jours d'intervalle. Le commandant Marchand est là qui nous regarde nous embarquer. Il serre la main au capitaine Germain. Encore un crâne officier, va, que le commandant ! Je suis plus grand que lui, bien que j'aie une taille de Parisien et que la tour Eiffel m'humilie ; seulement, il vous a une paire d'yeux... ! faudrait avoir une jolie santé pour faire de la *rouspétance* avec lui. Et puis, brave homme avec ça, veillant sur ses troupiers comme un père. Si fatigué qu'il soit, car il se fatigue autant que nous, il fait sa ronde matin et soir, pour s'assurer que chacun prend bien sa ration de quinine. La quinine, c'est le bonbon des Africains. Vrai, rien n'est meilleur. Sans elle, on ne marcherait pas huit jours.

» On embarque. Les pagayeurs se mettent à ramer, et nos pirogues glissent, glissent comme de vraies flèches... Il fait une chaleur, bon sang ! Je passe mon temps à tremper un mouchoir dans l'eau et à me le coller sur la tête. Et ces satanés rameurs ruissellent de sueur comme moi ; mais ça ne les gêne pas, tu sais ; ils ont un petit complet de voyage qui ne leur colle pas sur la peau : une ceinture de toile et un petit tablier *idem*, qui leur descend jusqu'à mi-cuisses. Tu penses s'ils ont les mouvements libres. Il y en a deux qui sont superbes. Des hommes de six pieds, les épaules larges, les hanches étroites. On dirait des statues en bronze...

. . . .

» C'est tellement grand, l'Afrique, tellement imposant, qu'on se sent là-dedans comme une petite mouche... une toute petite mouche qui ne ferait rien du tout, s'il n'y avait pas le drapeau. J'ai ri quelquefois, jadis, quand je lisais dans les journaux : « *Le Drapeau représente la France même !* » Eh bien ! j'étais une bourrique. Ils avaient raison, ceux qui disaient cela. Et, maintenant que nous sommes entourés d'ennemis, je me ferais tuer comme une grive pour le drapeau ; car, il me semble que s'ils l'enlevaient, il ne nous resterait plus rien.

» La journée se passe tranquillement. Depuis les passes de Baguessé, le M'Bomou est une grosse rivière, plus large que la Seine, avec beaucoup d'eau. Il y a des forêts tout le long. Autant la route était pénible dans le cours inférieur du fleuve, autant elle est aisée maintenant. On se promène la canne à la main ; non, je veux dire : la rame à la main. Et, s'il n'y avait pas des armées et des armées de moustiques et de maringouins, ça serait une vraie partie de plaisir... Ces horribles bestioles... pourvu que ça pique, c'est content.

» C'est égal, quand on voit ces forêts-là, c'est autre chose que le bois de Boulogne. Il faut voir cela pour le croire.

» Les pagayeurs chantent pour se donner du biceps. Ça ne doit pas être difficile de faire des chansons pour les nègres. Depuis une heure, ils répètent :

> Malung'ké, païmou
> Ehé n'gaï akar rofa.

» Je ne sais pas au juste ce que cela veut dire, mais

j'ai remarqué que cela correspond à quatre coups d'avirons...

»... Six heures du soir. On s'arrête dans une île boisée. On y passera la nuit...

»*9 août*. — On a navigué toute la journée. Rencontré des troupeaux d'hippopotames. Les camarades voulaient leur envoyer quelques balles, mais le capitaine s'y est opposé. Il paraît que ces grosses bêtes sont très méchantes quand elles sont blessées, et nous n'avons pas le temps de nous mettre *en bisbille* avec elles.

» Le capitaine m'a expliqué que le mot hippopotame signifie « cheval de fleuve ». Eh bien, je voudrais bien connaître le loustic qui l'a baptisé comme ça. Si ça ressemble à un cheval, je veux bien que le cric me croque.

» Le soir, on campe sur la rive droite. Il y a là de beaux rochers, on est très bien.

» *10, 11 août*. — Toujours la même chose. De la belle eau libre. Le capitaine écrit, de son côté, une longue lettre. Il a peut-être un truc, pour l'envoyer. Je vais guetter, et, si je vois passer le facteur, je vous expédie mon courrier...

» Encore des hippopotames. A cinq heures, j'ai vu un lion à crinière noire. Il était en train de boire. Il nous a regardés passer sans se troubler. C'est vraiment une belle bête. Et, ça n'a pas l'air féroce. Voilà un animal que j'aimerais. L'étape est terminée : pas de facteur. Je le dis au capitaine. Il rit de bon cœur. Lui aussi fait un journal. Il compte l'envoyer en France, lorsque nous aurons atteint le Nil.

»... Bonne nuit, père; bonne nuit, Louise... Il y en a des étoiles à mon ciel de lit!

» 12, 13, 14, 15, 16 *août*. — Rien de changé. De l'eau profonde, des forêts. Au milieu du premier jour, la rivière se resserre un moment; le courant a plus de force, mais les pagayeurs en sont quittes pour « se patiner » un peu, et l'on passe.

» 17 *août*. — Une pirogue a chaviré. A-t-elle heurté un banc de sable, ou bien l'équipage a-t-il fait une fausse manœuvre, on n'a jamais pu le savoir. Personne ne s'est noyé. Seulement, on a perdu une charge, qui est restée au fond de l'eau.

» 18 *août*. — On est resté occupé toute la journée, pour attendre le chaland, qui ne marche pas aussi vite que nous. Des noirs du voisinage sont venus au camp. Ils ont apporté des légumes et des fruits. Une orgie, quoi... Seulement, ils sont gais ces noirs-là. Le capitaine a demandé à leur chef, s'il ne pourrait nous vendre des volailles et des moutons, et le nègre lui a répondu :

» — Les Bradeiros (c'est le nom de leur peuplade) ne sont pas des gens qui creusent péniblement la terre. Ce sont des guerriers.

» — Cela n'empêche pas de vendre des moutons.

» — Nous n'en avons pas.

» — Ça, n'est pas une raison.

» — Nous mangeons les animaux que nous tuons à la chasse, ou bien nos prisonniers de guerre. Si tu veux, je t'enverrai deux jeunes hommes... Ils ont dix-huit ans... très bons à manger.

» Ce sont des antropophages, et ils parlent d'absorber leur semblable, comme nous de déguster un bifteck. C'est égal, s'ils mangent tous les gars de dix-huit ans, il ne doit pas y en avoir lourd à la conscription. En voilà un système de recrutement!

» Je n'ai pas besoin de te dire que le capitaine a refusé; mais, ce qui était amusant, c'était la surprise du chef noir. Evidemment, il croyait faire là un joli cadeau, et il m'a paru un peu vexé.

» Vers quatre heures, le chaland est signalé. Il avance, il avance, et bientôt il a rejoint les pirogues. Partout il a trouvé assez d'eau. Les vapeurs pourront passer.

» *19 août*. — Aujourd'hui, on a eu un peu de mal. Le chaland s'est échoué sur un banc de vase. On a travaillé trois heures à le renflouer. Enfin, on y est arrivé tout de même. Le capitaine, pour que les bateaux de la Mission n'éprouvent pas le même accident, a fait baliser la passe en eau profonde. Et puis, on a continué.

» *Du 20 au 28 août*. — Nous avons eu du tintoin, et mon journal en a souffert. Nos porteurs, bien qu'ils ne fassent à peu près rien en ce moment, avaient comploté de nous fausser compagnie. La nuit, ils se sont glissés hors du camp et ont filé vers l'Ouest. On te leur a donné une chasse numéro un. Presque tous ont été ramenés. Il paraît qu'un sorcier, à l'avant-dernière halte, leur avait prédit que tous trouveraient la mort près d'un village, dont nous sommes tout proches. Ils l'ont cru…

» Alors, il y a eu une scène cocasse. Le capitaine avait quelques paquets de cure-dents. Comment a-t-il pu les amener jusqu'ici ? Çà, je n'en sais rien. Mais, il a gravement offert un cure-dents à chacun des noirs, en disant :

» — Ceci est un gri-gri français, plus puissant que tous ceux de vos sorciers. Avec cela, vous n'aurez rien à craindre, et les ennemis, que vous craignez, n'oseront pas vous attaquer.

» Et, comme on a franchi le village sans aucun incident, nos porteurs ont la plus grande vénération pour les cure-dents. Il les ont enfilés dans leur ficelle à gri-gris, et ils les portent sur leur poitrine ! Depuis même, ils regardent les autres indigènes avec mépris, et ils disent entre eux, en les désignant : « Lui, pas gri-gri français ! »

» 29 *août*. — Nous devons approcher du confluent du M'Bomou et de la Méré ou Bokou, où nous devons rencontrer un poste établi par le capitaine Baratier qui, lui, est occupé encore à reconnaître cette dernière rivière... Les renseignements du capitaine Baratier se confirment. Il avait écrit que le M'Bomou était navigable jusqu'à son point de jonction avec le Bokou. C'est vrai...

» 30 *août*. — Un petit coup de fièvre. Presque rien. Deux doses de quinquina l'ont fait sauver. C'est curieux, cette bilieuse, comme ça fait mal à l'estomac : on dirait qu'on a avalé un charbon rouge.

» 1ᵉʳ *septembre*. — Voilà la rivière Bokou, le poste laissé par Baratier. Les tirailleurs accourent sur le rivage. Ils nous font des signes d'amitié. On débarque, et on s'embrasse. Je crois bien que j'ai donné l'accolade à une demi-douzaine de Sénégalais. Encore une idée que je n'aurais pas eue à Paris. Mais il semble qu'ici, on est tous des amis et des frères. Sans compter que les tirailleurs sont épatants. Rien de plus brave, de plus endurant, de plus dévoué que ces *Français à face noire*.....

. . . .

» *7 septembre*. — Un courrier de Baratier.

» Veine ! La rivière Bokou est navigable jusqu'à N'Boona. N'Boona, c'est un gros village où l'on pourra se goberger...

» Les vapeurs de la Mission arrivent...

. . . . »

Le 10 septembre, toute la Mission, étant concentrée au confluent du M'Bomou et du Bokou, repartit sans repos vers son but lointain. Elle remonta le Bokou et, arrivée au confluent du Bokou et de la Méré, on se trouva *à trois mille trois cents kilomètres de Brazzaville*.

Le commandant fait abattre un arbre superbe. (page 183)

XIX. — Bruits alarmants. — La reconnaissance du Soueh par le commandant. — Un homme doublé de tôle ! — Un pays à grenouille. — Marchand, ingénieur des ponts et chaussées. — Dures nécessités.

Il restait beaucoup à faire encore, mais le commandant Marchand se croyait sûr du succès. Il se réjouissait en son âme, car bientôt, grâce à son inlassable énergie, la Mission, qu'il dirigeait si habilement, ferait flotter sur le Nil le drapeau tricolore.

Tout à coup des bruits, mis en circulation par des indigènes, viennent l'arracher à son rêve. Les renseignements étaient assez vagues et même contradictoires; en substance, ils se réduisaient à ceci : une troupe de blancs avait été rencontrée se dirigeant vers le Nil.

Tout d'abord, le commandant pensa qu'il s'agissait de la mission de M. Liotard, qui, pour appuyer la gauche de la mission Congo-Nil, s'était avancée jusqu'à Dem-Ziber. Mais, comme on lui répondait négativement, il résolut de s'assurer lui-même de la véracité de ces dires qui, peut-être, étaient mensonges, et peut-être vérités. Aussi, après avoir confié au capitaine Germain le soin de concentrer toute la Mission à Tambourah, il se dirige vers l'Est avec le capitaine Baratier et l'interprète Landeroin, un de ses plus utiles auxiliaires.

M. Landeroin avait été attaché à la Mission comme interprète pour l'arabe; en ces régions, celui qui a, selon l'expression imagée des noirs, *la langue blanche et noire*, puisqu'il parle à la fois le langage des blancs et de celui des nègres, rend d'inappréciables services. Son rôle est un rôle de tout premier ordre, car si l'interprète est un fourbe — et cela s'est vu — il peut, à son gré, trahir les deux parties qu'il est chargé de servir, en altérant à son gré le sens des phrases qu'il a à transmettre et à traduire.

Marchand occupa en passant Roumbeck, et poussa son exploration jusqu'à 80 kilomètres de Lado, ville située à l'endroit où le Nil descend des plateaux pour entrer dans la plaine et qui dépend de l'Etat indépendant du Congo. Les renseignements qu'il puisa en route, lui donnèrent la certitude qu'aucune troupe venant du Sud, ni anglaise, ni belge, n'était en route pour le Nil. Il jugea donc inutile de pousser plus loin sa reconnaissance, et il rejoignit le gros de la Mission.

Sans perdre un seul jour de repos, il repart immédiatement en exploration pour déterminer le point précis où les eaux du Soueh seront accessibles à la flottille, car le Soueh, sur une partie de son cours, n'échappe pas à la loi qui régit les fleuves africains, et est encombré de rapides.

Le brave sous-officier, l'ami du capitaine Germain, fit partie de la petite escorte du commandant, et il a raconté, avec sa verve habituelle, les péripéties multiples de cette nouvelle reconnaissance. Ecoutez-le plutôt :

»... Le commandant Marchand me fait appeler. Mon ami, le capitaine Germain lui a parlé de moi. Demain, avec sept hommes nous partirons en avant. Le commandant vient avec nous. C'est notre petite troupe qui va reconnaître le Soueh. Me voilà tout à fait dans les honneurs. Si Louise n'est pas fière de moi, et toi aussi, papa, vous êtes vraiment difficiles...

»... Ça y est, en route!...

» 25 *septembre*. — Nous sommes sur les rives du Soueh. Voilà quatre jours que je n'ai pu toucher à ce journal, cette chère correspondance que je ne puis vous envoyer, mais qui me relie à vous.

»... Je suis las, las... j'ai les jambes qui me rentrent dans le corps. Nous en avons fait un métier depuis le départ de N'Boona. On s'était reposé à bord des pirogues ; mais, on s'est éreinté ces jours-ci.

» Cent soixante kilomètres en huit jours, ça n'a l'air de rien, n'est-ce pas? Cela nous donne une moyenne de vingt kilomètres par jour. Seulement, ces kilomètres-là comptent double, et même triple. C'est à travers la brousse qu'il faut se frayer un chemin. A chaque instant, on rencontre des marigots qu'il faut tourner, des cours d'eau qu'il faut franchir. On cherche un gué, on passe avec de l'eau jusqu'aux genoux, jusqu'aux reins, quelquefois jusqu'aux épaules.

» Paraît que nous entrons dans la région des marécages, la vraie région. Ceux du bas M'Bomou n'étaient que de la petite bière, comme qui dirait un apéritif, pour nous mettre en goût. On est toujours trempé : un vrai bain de vapeur. C'est le hammam à perpétuité. Bah ! on a de la quinine. Avant le départ, le commandant nous a fait prendre à chacun une provision de la bonne poudre. Pour qu'elle ne soit pas mouillée, j'ai mis la mienne au fond de mon salacco. Et, j'en deviens gourmand; je m'en offre de temps en temps. Aussi, pas de fièvre, ou du moins si peu que ce n'est pas la peine d'en parler. Je me moque de la « bilieuse ». Il y en a un autre qui s'en moque encore plus que moi. C'est le commandant.

» Non, vrai, cet homme-là a une volonté de fer, et, si l'on avait l'idée de reculer, il n'y aurait qu'à le regarder pour changer d'avis. Il a la fièvre, lui; il l'a à haute dose; mais, cela ne l'arrête pas. Il la domine. J'ai entendu raconter que certains malades battent la maladie par la volonté. Eh bien, c'est vrai : Marchand est malade, mais il ne veut pas se plier devant le mal. Et, il ne plie pas.

» C'est égal, quand je pense qu'il faudra traîner les vapeurs et les chalands par le chemin que nous venons de parcourir, j'en ai chaud. Je sais bien que les autres recrutent des porteurs pendant notre absence, mais en trouveront-ils assez?

. . . .

» Enfin, ce n'est pas tout ça. Le commandant vient de faire abattre un arbre superbe, droit comme un I, et gros... il a au moins 1^m,50 de diamètre. Oh bien, elle est bonne, me voilà constructeur de canots ! L'arbre, qu'on a abattu, faut le transformer en pirogue. Et l'on enlève l'écorce, et l'on taille et l'on creuse. Je viens de travailler deux heures...

» Je tombe de sommeil. Une petite dose de quinine, un souvenir à toi, à Louise. Mes yeux se ferment malgré moi, ils se troublent. J'aperçois confusément le commandant au bord de la rivière. Il grelotte la fièvre, mais il reste debout. Mâtin, il est donc doublé en tôle, cet homme-là !...

» *26 septembre*. — La pirogue est à l'eau. Embarqués ! Nous y sommes tous. Le commandant va mieux, ce matin. Il a dû servir à la bilieuse un potage sérieux à la quinine. Il a l'air content. Tant mieux. Avec un plomb, il sonde sans cesse le lit du fleuve. Il y a assez d'eau, bravo !

» *28 septembre*. — Trois jours de navigation à 120 kilomètres par jour. On s'est arrêté à Meschra-el-Reck. En voilà un pays à grenouilles ! De l'eau partout, avec des îlots en masse, des roseaux comme je n'en ai jamais vus, des bambous qui ont sept, huit, dix mètres de hauteur.

» Faut revenir maintenant. Ce sera moins drôle. Les rivières, c'est comme les montagnes : faudrait, pour bien faire, les prendre toujours du côté de la descente, et nous allons remonter. Plus moyen d'écrire, on a tout le temps la rame à la main... »

Vers la fin de septembre, le commandant avait rejoint sa Mission. Quelques lignes extraites d'une lettre qu'il écrivit à un de ses amis, résument ses impressions sur son exploration du Soueh :

« Drôle de voyage! Il ne manqua pas d'émotions, comme bien vous pensez. Bref, j'arrivai au confluent de la Waou, ayant fait en trois jours, à raison de 120 kilomètres par jour à la descente, l'hydrographie du Soueh inconnu. Alors il fallut revenir, et ma foi! ce fut une très dure histoire : *attaques d'hippopotames, très fréquents dans ces régions, rencontres d'éléphants, plongeons dans les rapides, rien ne me fut épargné*, et pendant huit jours je vécus, moi et mes hommes, exclusivement de ma chasse. Il est vrai qu'elle était abondante, un coup de fusil rapportant 2.000 à 3.000 kilogrammes de viande : girafe, bœuf, hippopotame au choix... »

Pendant l'absence du commandant, la Mission ne s'était pas croisé les bras dans l'inaction. Jugez-en plutôt : pour se rendre de Méré jusqu'à Kodjalé, à l'endroit où le Soueh devient navigable, il faut parcourir environ 160 kilomètres. Alors commença un nouveau et gigantesque labeur. Les membres de l'expédition Marchand se métamorphosèrent en constructeurs de routes. Marchand et sa petite escorte avaient tracé un sentier; c'est cet étroit ruban qui allait se transformer en une route admirable de cinq mètres de large, éventrant la forêt, franchissant les ravins sur des ponts, se creusant à coup de dynamite une trouée dans les rochers.

La route terminée était une véritable œuvre d'art : elle était si solidement établie, que le commandant

Marchand, en marge d'une des cartes dressée par lui de cette région jusqu'alors inconnue, écrivait de sa main :

« Par la nouvelle route, ouverte par la Mission pour aller de Brazzaville au Caire, il y a exactement 76 kilomètres à faire par terre de Méré à Tambourah, et de Tambourah à Kodjalé 82 kilomètres. Une route de cinq mètres, avec ponts, a été ouverte, et *peut recevoir dès aujourd'hui un Decauville, sans aucun travail nouveau...* »

Marchand s'était improvisé ingénieur des ponts et chaussées !

Alors, on vit se renouveler le prodige qui s'était accompli lors du passage de la flottille dans la région des rapides du bas M'Bomou. Tous les officiers étaient là, à leur poste, plus vaillants que jamais, car on approchait du but si ardemment convoité : seul manquait à l'appel le lieutenant de vaisseau Morin ! Les pirogues, les charges, les pièces d'embarcation démontées étaient attachées à des perches que portaient des noirs robustes sur leur crâne protégé par un turban, ou sur leurs épaules, que meurtrissait un poids si écrasant. Ils étaient là six, trois par trois, ou huit, par quatre de front, soutenant des fragments de coque des navires, des chaudières pesant de huit à neuf cents kilogrammes, avançant péniblement, lentement, bien que la route eût été débarrassée de toutes les difficultés qui la hérissaient avant le passage de la Mission.

Les pires obstacles ne vinrent cependant pas de la route, mais des hommes. Il fallut user de rigueur, d'une rigueur inexorable, que, peut-être de loin, nous trouvons cruelle, mais que les circonstances rendaient inévitable. Lisez cette lettre d'un des membres de la Mission qui, lui, ne voyait pas tout en rose comme le brave Jacques, l'ami du capitaine Germain, et vous jugerez des dures nécessités auxquelles sont parfois contraints les chefs de mission, en présence du mauvais vouloir, de l'inertie ou de la trahison des noirs.

« Chers Parents,

» Nous sommes allés dans l'Oubangui, pour occuper la Haute-Egypte, faire connaître notre force aux Derviches, lancer un bateau sur le Nil, et réunir, si c'est possible, notre colonie d'Obock, sur la mer Rouge, à celle du Congo, sur l'Atlantique. Nous sommes vingt-trois blancs pour ce travail avec cent tirailleurs noirs. Le plus pénible est pourtant fait : je viens de conduire les derniers morceaux du bateau au bord de la rivière du Soueh, où on va le monter.

» Je ne me suis guère amusé avec ces deux cents porteurs que nous avions pris de force, et qui cherchaient à s'échapper à la moindre occasion. On avait beau fusiller ou pendre ceux qu'on rattrapait, les autres essayaient quand même, et quelques-uns réussissaient de temps en temps. Alors, les charges seraient restées en arrière si je n'avais eu la patience d'aller dans les villages voisins, avec quatre ou cinq tirailleurs, pour ramasser les hommes ou les femmes qu'on y trouvait; on leur plaçait 30 kilos sur la tête, et je continuais la route avec toutes les charges...

»... D'autres fois, personne ne se présentait : nous faisions enlever tout ce qui était dans les cases ou les greniers, et nous le distribuions aux autres noirs du convoi, qui mouraient de faim. La nuit, on surveillait tout ce monde-là ; mais, ils s'enfuyaient tous à la fois, et il était difficile de tuer tout le monde.

» Ce manège-là m'a bien fatigué et bien dégoûté. Vous ne devez pas trop vous étonner de ce que je viens de raconter : c'est la seule façon d'obtenir quelque chose de ces brutes. J'en souffrais au début; mais, quand je les ai vus si dégoûtants, si sauvages, se disputer beaucoup de leurs camarades fusillés pour les manger, il m'arrivait d'avoir envie de faire faire des feux de salve dans le tas... »

De longues files d'esclaves étaient dirigées vers la mer Rouge. (page 189)

XX. — Les Français pris pour des Turcs. — Niam-Niam et Dinkras. — Des morts qui se portent bien. — Le lieutenant Gouly meurt de soif. — Pour la Patrie! — Le style, c'est l'homme. — 150 contre 40.000! — Faire beaucoup avec rien.

Enfin, on avait atteint le bassin du Nil! Kodjalé fut transformé en un port-arsenal, où l'on creusa même des cales de réparation pour les navires. Mais, les minutes étaient comptées : la marche en avant reprit bientôt, et l'on descendit le Soueh, sur lequel furent fondés le poste des Rapides et le poste de Fort-Desaix.

Fort-Desaix devint, dès novembre 1897, le quartier général du commandant : c'est de là que le chef de la Mission rayonna à travers le pays des Bougos, des Djiours, des Dinkas, pour consolider l'influence française. Et, certes, les occasions de faire aimer la France ne manquaient pas.

Cette région, autrefois très riche et très peuplée, est presque aussi vaste que la France. Mais, aujourd'hui, elle a perdu son antique prospérité, car elle a été pendant de longues années la proie des négriers. Ces trafiquants éhontés, ces marchands d'ébène humain étaient des Turcs ou des Arabes : ils s'installaient dans une zone déterminée, et ils ne la quittaient qu'après l'avoir pillée et dévastée : et, chaque jour, de longues files d'esclaves étaient dirigées vers la mer Rouge. Pour se protéger, ces négriers se construisaient de véritables forteresses appelées *zéribas;* puis, ils passaient dans une deuxième, dans une troisième, dans une quatrième zone, ne laissant derrière eux que ruines et misère !

Aussi, le souvenir des Turcs est-il exécré de toutes ces populations, en général paisibles et travailleuses. Lorsque la petite troupe de Français, chargée d'opérer la reconnaissance du pays, apparut pour la première fois sur les rives du Soueh, on prit nos compatriotes pour des Turcs, et les indigènes se préparèrent à leur déclarer la guerre.

Un chef Djiour vint prévenir les Français que trois des principaux chefs de la région à la tête d'une armée nombreuse de Djinquis, se mettait en marche pour écraser la poignée de soldats *turcs* qui envahissait leur pays, et brûler les postes des Rapides et de Fort-Desaix. « Ils ne sont pas nombreux, disaient-ils, nous en aurons vite raison. »

L'officier français, sans se laisser émouvoir : « Nous avons, répondit-il, des perles et des étoffes pour nos amis et des cartouches pour nos ennemis, voilà ce que tu pourras dire aux chefs Djingués ; nous ne sommes pas des Turcs, nous sommes des Français, et nous venons dans le but de faire du bien partout où les Turcs ont fait du mal. De plus, les Turcs sont nos ennemis à nous, et nous leur ferions la guerre s'ils osaient revenir ici...

— Vous n'êtes pas quarante, et ils sont plus de mille réunis à un jour de marche d'ici ; peut-être seront-ils là demain matin, mais sûrement vous serez attaqués demain soir.

— Nos fusils sont bons, ils tirent vite et juste ; nos cartouches sont nombreuses, et nos soldats sont braves. Encore une fois, dis aux chefs Djinquis que nous ne reculerons pas ; nous sommes prêts à la guerre s'ils le veulent, et à la paix s'ils le désirent. Partout où nous sommes passés nous avons fait du bien ; nous n'avons jamais rien pris dans les villages ; nous n'avons jamais tué personne ; nous ne faisons pas de captifs, et nous faisons au contraire des cadeaux à tout le monde... Nous resterons ici et je te charge de porter mes paroles aux chefs de la colonne. Dis-leur que je les attends pour la paix ou pour la guerre. »

Les chefs réfléchirent sans doute, et, voyant le peu d'intimidation qu'avait produit leur sommation, vinrent le lendemain matin faire leur soumission :

— Tout le monde, Djiours, Bougos, Bellandos, tous les villages que vous avez traversés nous disent du bien de vous. Tous ceux qui vous ont approchés ont été par vous comblés de cadeaux, et vous ne prenez ni nos femmes, ni nos bœufs. Vous n'êtes donc pas des Turcs. Pardonnez-nous, nous sommes désormais

— Nous avons des perles et des étoffes pour nos amis, et des cartouches pour nos ennemis... (page 189)

vos amis; vous êtes les maîtres du pays et libres de vous promener où vous voudrez; personne ne vous dira jamais rien.

Et, c'est ainsi que le commandant Marchand se fit aimer, et fit aimer la France par une douceur exempte de toute faiblesse. Aussi fut-il fort bien accueilli par les chefs indigènes. Il visita d'abord les Asandés, plus connus sous le nom de Niam-Niam.

Ces Niam-Niam, auxquels on a fait une terrible réputation de mangeurs d'hommes, ne sont pas, si l'on peut ainsi dire, des antropophages irréductibles : ils sont antropophages si l'occasion s'en présente, mais ne vont pas jusqu'à déterrer les morts pour les dévorer, ni même jusqu'à organiser des expéditions pour se procurer du gibier humain. Mais, malheur à celui qui vient s'offrir témérairement à eux !

Marchand n'eut qu'à se louer de ses rapports avec les terribles Niam-Niam, et il put à son aise, car il était observateur, étudier leurs mœurs et leurs coutumes.

Ces indigènes ont la peau d'un brun rougeâtre. Ils se tatouent, mais le plus souvent ils se contentent de dessiner sur leur corps des lignes noires avec le suc du gardénia. Les femmes ont l'habitude de s'oindre le corps d'huile de palme et de le frotter avec de la poudre de bois rouge. Hommes et femmes ont des anneaux en fer au cou, aux poignets et aux chevilles, et piquent dans leurs cheveux des épingles en ivoire, ou en os de singe ou d'homme.

Un peu plus au Nord, Marchand entra en relation avec les Dinkas, qu'il « travailla » si bien (l'expression est de lui), qu'il pouvait écrire : « Les postes français, créés par la Mission, jalonnent le Bahr-el-Ghazal, à cette heure. Je ne crains ni les Belges, ni les Anglais; *nous vivons au milieu de sept ou huit millions au moins* de Dinkas, qui, déjà nos amis, vont devenir nos alliés... »

Les Dinkas ont des mœurs étranges : leur pays étant soumis à une température assez variable, très chaude le jour et froide la nuit, ils ont l'habitude de dormir sur un lit de cendres, aussi bien pour se mettre à l'abri des myriades d'insectes que pour atténuer les effets de l'abaissement considérable de la température nocturne. Et, rien n'est plus étrange qu'un village dinka lorsque, le matin, tous ces fantômes blanchâtres se lèvent.

Eleveurs passionnés, ils ont pour le bétail les plus grandes attentions. Ils ont le plus grand respect pour la vache, qui leur fournit le lait, qu'ils préfèrent à la viande, et aussi deux choses dont ils usent et abusent, à savoir, faut-il le dire? l'urine et la bouse. L'urine est employée pour bien des usages domestiques, et sert principalement à laver tous leurs vases de cuisine. Quant à la bouse de vache, elle sert à teindre la chevelure de ceux qui ne se rasent pas la tête. La plupart des Dinkas sont d'ailleurs graissés des pieds à la tête avec cette bouse, et répandent une odeur nauséabonde qui met en fuite toutes les mouches.

Ils ont ordinairement les oreilles percées de plusieurs trous, dans lesquels ils passent de petits anneaux en fer; les hommes portent aux bras des cercles d'ivoire; les femmes, des cercles de fer aux chevilles et aux poignets. De même que beaucoup d'autres races nègres, ils s'arrachent deux des incisives inférieures.

D'un rare courage, ces sauvages ont, dit-on, le plus profond mépris pour les armes à feu : ils se bouchent les oreilles avec de l'étoupe, et, armés d'une simple massue de bois, ils se précipitent héroïquement contre les ennemis.

Un jour, en rentrant à Fort-Desaix, le commandant Marchand reçut de France tout un paquet de lettres et de journaux, dont la lecture fut sans doute fort intéressante, car il se mit à rire de tout cœur : savez-vous ce qu'on lui annonçait? Peu de chose : que la Mission tout entière avait été massacrée ! Le bruit en avait couru en France, et il n'est pas difficile d'en trouver la source. Les Anglais avaient intérêt à propager ces fausses nouvelles, avec l'espoir que, si on les prenait au sérieux, on abandonnerait la Mission. Marchand se contenta de hausser les épaules et de dire, en quelques lignes spirituellement ironiques, leur fait à tous ces nouvellistes qui se font l'écho de bruits sans fondement :

« Ma lettre vous dira simplement, écrivait-il, que je ne suis pas encore mort et qu'on en a raconté en France une bien bonne. Non, ni moi, ni la Mission, ni un détachement quelconque, ni rien, ni personne n'a été maltraité ni même menacé, et j'ai appris notre massacre par les journaux que vous avez eu l'amabilité de m'envoyer. Les journaux illustrés, surtout avec portraits et articles nécrologiques, sont très intéressants!... Mais, pourquoi diable a-t-on cru devoir après coup me sauver de l'égorgement général!

Voyez-vous le chef de la Mission s'échappant quand tous ses camarades sont massacrés, toutes ses troupes écrabouillées?... »

Malheureusement un deuil, non imaginaire celui-là, frappa bientôt la Mission : le lieutenant Gouly, celui qui avait assisté à l'agonie du pauvre Morin, surmené par une marche de quatre jours, sous un soleil de plomb et dans un pays sans eau, fut emporté par la terrible fièvre bilieuse hématurique qui avait, à Loudima et à Brazzaville, si durement malmené le commandant. Gouly était un jeune officier de grand avenir, qui se trouvait dans l'Oubangui longtemps avant l'arrivée de Marchand, à qui il offrit son aide si précieuse pour assurer le service des convois de la Mission. A ce travail de géant, il a gagné la mort... et l'immortalité, car son nom sera inscrit au livre d'or des martyrs de l'Afrique. Cette mort affecta beaucoup Marchand, qui aimait d'une sincère amitié ceux qui partageaient ses fatigues, soldats et officiers. Le climat humide du Bahr-el-Ghazal, ce « pays à grenouilles », suivant le mot piquant du brave Jacques, cette région qu'on appelle aussi « Pays des Rivières » à cause de la quantité innombrable de ses cours d'eau, convenait assez peu au tempérament de Marchand, chez qui la fièvre semblait avoir élu domicile. J'aime encore mieux le Soudan, disait en plaisantant le commandant, car je préfère cuire en rôti que bouillir à l'étuvée !

« Tous les membres de la Mission se portent comme des ponts, moi excepté, qui suis assez bas depuis quelque temps. Nous ne négligeons rien, et nul ne perd son temps. La pression est toujours maxima... Un jour, nous nous reverrons, et ce jour-là *j'aurai réussi pour la Patrie.* »

Comme elle est bien française cette lettre de Marchand, à un de ses amis, avec sa crânerie superbe qui défie le danger, et s'en moque à la fois ! Et ce dernier mot, *pour la Patrie*, n'est-il pas fier comme une devise, la devise de la Mission toute entière, de cette poignée de héros, dont on ne sait trop si l'on doit plus admirer la vigueur physique ou la force morale ? « Le style, c'est l'homme » a dit Buffon. Une fois de plus, en lisant la correspondance de Marchand, on pourra vérifier la justesse de cette pensée. Lisez plutôt cette lettre où une âme de soldat, dont le danger ni les menaces de la mort ne peuvent altérer la bonne humeur, se peint tout entière :

« Nous partons pleins d'ardeur et de santé ; après dix-huit mois d'efforts violents et de fatigues, dont je ne puis vous donner une idée, dix-huit mois de luttes incessantes contre la nature, contre les habitants, contre les éléments, et surtout contre la famine qui nous talonne ici, et grandit...; l'enthousiasme de la Mission n'a fait que monter.

» Je vous ai dit déjà nos misères, nos combats dans le bas Congo, puis la montée de l'interminable Congo-Oubangui.

» Ensuite nous avons abordé le M'Bomou, et ravitaillé le haut Oubangui avec *cinq mille* charges. La reconnaissance de toute la vallée du M'Bomou, et la découverte inespérée de la navigabilité du bassin supérieur, sur une longueur de huit cents kilomètres, nous a permis de tenter et mener à bonne fin le tour de force, de porter une flottille de vapeurs et chalands métalliques, du Congo au Nil, par dessus les chaînes et les montagnes, à travers les forêts et les marécages de la grande savane.

» Voulez-vous savoir, à titre de curiosité, et pour vous donner d'un seul coup une idée assez nette de ce qu'est la Mission, le chiffre d'hommes et les efforts qu'elle a mis en mouvement, jusqu'à ce jour, dans la traversée de l'Afrique? Les chiffres sont officiels : tout se fait ici avec méthode et précision.

» La Mission, du 1er décembre 1896 à ce jour, a mis en mouvement *quarante six mille porteurs ou pagayeurs*, dix-sept vapeurs, vingt-huit boats ou chalands, huit cents pirogues, tout cela ayant fourni un total de *un million soixante mille journées de travail effectif*.

» Je tiens mes comptes au jour le jour ; trois groupes fonctionnent en même temps, ayant chacun son chef et sa tâche fixée. Il faut tout cela, je vous assure, pour espérer traverser l'Afrique dans cette direction-là, — la plus dure sans doute.

» Et, nous n'avons pas fini ; mais, les grands transports sont achevés ; ils ont duré exactement *seize mois, sans une seule journée d'interruption*.

» Je suis curieux de voir ce que va en penser Stanley.

» Au revoir donc, *ou adieu.* »

Ce qu'en pensera Stanley, mon cher commandant, c'est que jamais, au grand jamais, il n'eut, avec aussi peu de moyens à sa disposition, une pareille marche à accomplir à travers l'impossible ! Ce qu'il en pensera, si le dépit n'altère pas son jugement et ne l'empêche pas d'être impartial, c'est que votre admirable traversée de l'Afrique, sans rien enlever au mérite de ses très remarquables explorations, élève votre gloire de cent coudées au-dessus de la sienne.

Mais, ce qu'il y a de plus remarquable dans cette si intéressante correspondance du chef de la mission Congo-Nil, c'est cette confiance joviale qui lui permet, suivant son énergique expression, de « s'asseoir » sur le danger. Expression familière sans doute, mais combien saisissante. Voici une autre lettre écrite au moment du départ de Marchand pour Fachoda, à travers les marécages du Bahr-el-Ghazal.

« Il était écrit qu'aucune difficulté, aucun obstacle, aucune tribulation, ne nous seraient épargnés ; *mais, je ne me trouble pas, je sais que j'entrerai le premier à Fachoda* — peut-être de quelques jours, de quelques heures seulement, — *mais enfin le premier, d'une façon encore assez imposante et digne de la France*, malgré la dangereuse faiblesse des moyens qu'on m'a donnés au départ, et qu'il nous a fallu former de toutes pièces en route.

» Pour le moment, je vais forcer le passage du « Sedd » en pleine saison sèche, avec des pirogues, embarcations que les Egyptiens n'ont jamais osé employer dans ces dangereux parages. *Cela nous amuse! Un danger de plus ou de moins, n'est-ce pas, puisque nous vivons dedans, ça ne peut compter!...*

» Je vais maintenant *travailler* les Chillouks. Peut-être va-t-on rire, d'ici peu, sur le Nil. Si nos efforts réussissent, c'est 11 à 12 millions d'hommes que nous allons grouper autour du pavillon français, et qui, certes, ne désirent pas le retour de la domination égyptienne (on dit ici turque) dont ils ont tâté...

» Alors que nous mourions de faim entre Bangui et Sémio, et surtout entre Sémio et Fort-Desaix, et que les dangers de la famine grandissaient à mes yeux, nous nageons ici dans l'abondance qui s'attache forcément à une région dépassant en densité de population celle de la France. En outre, hippopotames, antilopes de toutes tailles, éléphants, girafes, gibier à plumes, poissons pullulent; nous avons constamment des milliers de kilos de viande sur les fumoirs.

» Mangin a réuni à Fort-Desaix, quinze tonnes de vivres en quatre jours, et un troupeau de bétail de cent têtes. Nous pourrions en rassembler vingt fois plus en une semaine, si nous le voulions; mais, c'est bien inutile, le pays nous servant de fournisseur journalier.

» Bref, nous sommes « *d'attaque* », et je pourrais facilement nourrir ici, et jusqu'à Fachoda, deux mille hommes, si je les avais, hélas! ce qui ne serait pas de trop pour résister aux efforts des 40.000 qui s'avancent par les deux extrémités du Nil.

» CENT CINQUANTE hommes contre QUARANTE MILLE !!! Si ce n'est pas *tordant!* C'est avec cela qu'il a fallu traverser l'Afrique *en occupant* (1) le Bahr-el-Ghazal, et le Nil, bientôt, après avoir *pacifié le Congo, ap-*

---

(1) Les postes fondés par la Mission sur tout son parcours, assuraient non seulement le *jalonnement* de la route, mais encore l'*influence* effective de la France par l'occupation militaire de quelques points importants. Ils créaient un fait de propriété.

porté sept mille charges, charrié une flottille.

» On ne doute de rien en France, et il faut croire tout de même qu'on doit avoir une dose de confiance dans les officiers auxquels on confie une tâche de ce calibre ! C'est inouï... mais flatteur !

» Il est vrai qu'on m'écrit de Paris, que si j'ai le malheur d'échouer, je serai vilipendé, traîné dans la boue et haché menu comme chair à pâté. Avec ça, c'est complet ! Me voilà bien averti !

» Après cette mission, il ne me restera plus, à mon retour en France, qu'à me confier quatre hommes et un caporal, avec l'ordre de prendre Berlin de vive force, à la baïonnette, sans oublier de reprendre Metz et Strasbourg, en passant.

» Il n'y a que chez nous que « l'ordre de faire beaucoup avec rien » peut être donné sans rire ! *Après tout, on peut toujours mourir ; on est presque sûr d'avoir une belle cérémonie à la Madeleine, deux ou trois ans après...* »

Quelle foi inébranlable, quelle réconfortante bonne humeur, et, en même temps, quelle vaillante philosophie dans ces quelques lignes. Marchand a beau vouloir se moquer de lui-même, il nous force à le prendre quand même au sérieux, et ce n'est pas le moindre de ses mérites que *d'avoir fait beaucoup avec rien !*

Un hippopotame a crevé notre boal! (page 208)

XXI. — Les dangers du Sedd. — La reconnaissance du Bahr-el-Ghazal. — Le journal du capitaine Baratier. — Le menu : nénuphars et viande crue. — Le boat crevé par un hippopotame. — Demi-tour ! — Au drapeau !

La saison sèche de 1897-1898 immobilisait à Fort-Desaix la Mission tout entière, car les basses eaux ne permettaient pas à la flottille de se lancer dans les marécages du Soueh et du Bahr-et-Ghazal, encombrés de roseaux, de papyrus et d'autres végétaux aquatiques flottants. Ces rivières n'ont pas, en effet, un lit unique, mais une foule de bras morts, d'impasses, parmi lesquels le chenal du fleuve se reconnaît d'autant moins que les herbes flottantes l'envahissent au point d'empêcher tout passage. Ces plantes aquatiques constituent une vraie barrière mouvante qu'on appelle le « Sedd » : on se souvient que dans une lettre de Marchand, que nous avons citée, se trouvent notés les périls que présente la traversée du Sedd. Ces dangers sont d'autant plus grands, que ces masses de végétation sont soumises à d'éternelles vicissitudes, à de constants déplacements. Là où, hier, se développait une large nappe d'eau accessible à la navigation, aujourd'hui se trouve un océan d'herbes; inversement, une nuit suffit parfois à débarrasser de tout obstacle un chenal barré la veille par les herbes.

Il importait, cependant, de s'assurer si la flottille pourrait, même après la crue, s'aventurer dans ces marécages jusqu'alors si mal connus : un homme s'offrit pour s'enfoncer dans l'inconnu et la pestilence de ces marais, comme s'il se fût agi d'une reconnaissance ne présentant aucun danger. Or, courir cette aventure, c'était aller à une mort presque certaine.

Cependant, simplement, héroïquement il fit sa proposition, et Marchand accepta ce sacrifice volontaire, *pour la Patrie!* Il avait en Baratier une telle confiance, qu'il ne douta pas du succès de son exploration, et qu'il le laissa partir, non sans lui avoir donné l'accolade d'un frère plus que d'un ami.

On l'a dit, de tous les incidents qui ont marqué les étapes glorieuses de la mission Marchand, aucun, peut-être, n'a atteint l'intensité dramatique de la reconnaissance du Bahr-el-Ghazal, du Fort-Desaix au Nil par le capitaine Baratier. Mieux que quiconque, Baratier, en soldat, a raconté les émouvantes péripéties de son exploration : nous lui laissons donc la parole pour vous conter ces détails si palpitants, qui ne se peuvent résumer. Personne ne pourra dire davantage, personne ne saurait mieux dire :

» ... Marchand ne pouvait lancer plus de deux cents hommes sans être sûr de ce pays, en somme à peu près inconnu, aussi bien au point de vue de la route elle-même, fort incertaine, qu'au point de vue de l'approvisionnement.

» D'après les indications des indigènes, d'après les livres des voyageurs ou des gouverneurs de provinces, du temps de l'occupation des Turcs, je n'avais qu'à descendre le Soueh pour arriver au Bahr-el-Ghazal, et de là redescendre au Sud, pour arriver à la Meschra. C'était un voyage d'une quinzaine, aller et retour, et le pays était riche en vivres.

» Oh ! illusion !

» Donc, le 12 janvier, je pars avec un seul boat : Landeroin (l'interprète), vingt tirailleurs et huit pagayeurs sont avec moi. Dès les premiers jours, je constate que c'est à peine si je trouve de quoi nourrir mes trente hommes, en payant très cher.

» De plus, ces populations, qui devaient m'accueillir avec joie, étaient plus que méfiantes : en certains endroits même on m'invitait à faire demi-tour. Enfin, après quelques palabres, j'arrivais toujours à passer, mais cela menaçait de devoir être beaucoup plus long que je ne le pensais.

» Le 25 janvier, nous n'avions plus de vivres, les Djinquis ou Dinkas, refusant de m'en vendre.

» Le 30 janvier, les berges disparaissent complètement, et nous entrons dans un chenal assez profond, circulant au milieu des roseaux. Ce sont les roseaux que les Nubiens appelaient l'omn-souf (mère de la laine), à cause de la gaîne qui enveloppe la tige, gaîne de poils soyeux qui s'accrochent à la peau et causent des démangeaisons cuisantes.

» A midi, nous sommes en face de deux bras. Une pirogue djinquie nous fait signe de loin de prendre celui de droite. C'était un chenal très étroit; le boat se fraye un chemin dans les herbes, sur lesquelles se halent les hommes. A trois heures, le chenal disparaît complètement; il est impossible que les bateaux des Turcs aient jamais passé par là. Les Djinguis nous ont fait prendre la mauvaise route; je commande : en arrière! et, à sept heures du soir, nous revenons au confluent des deux bras.

» Il fait nuit; impossible de trouver un coin de terre : c'est le marais de tous côtés. Cependant, sur notre droite, les herbes sont tellement épaisses, que l'on peut presque se tenir dessus comme sur un plancher. Nous restons là, sur nos cantines, pour ne pas être complètement dans l'eau; on y est encore moins mal que dans le boat. Il fait très froid; pas un morceau de bois, ni feu, ni cuisine, mais en revanche, des moustiques...

» Le 31 janvier, nous repartons par le bras laissé hier. A huit heures du matin, le bras entre, lui aussi, dans les herbes; on recommence à haler sur l'omnsouf qui s'accroche aux mains. A dix heures, plusieurs pirogues Djinquies apparaissent derrière nous. Impossible de les faire approcher. Je me mets à l'eau avec Landeroin, et j'arrive près d'eux. Pas un ne parle arabe; nous causons donc par gestes. Une pirogue consent à nous servir de guide; avec une peur bleue, elle passe à côté du boat et prend les devants.

» A midi, nous débouchons dans une succession de mares couvertes de nénuphars. Il n'y a presque plus d'eau ; les hommes tirent le boat sur la vase, dans laquelle ils enfoncent jusqu'aux aisselles. C'est le marais à perte de vue ; de la vase se dégage une odeur effroyable. A trois heures, il n'y a plus d'eau du tout ; je fais signe aux Djinquis que je m'arrête. Ils me font signe de leur côté qu'ils reviendront demain, que je puis coucher là.

» Coucher où ? Un banc de vase, à peu près asséchée, est à 150 mètres à gauche ; à grand'peine nous parvenons à décharger le boat sur ce banc, et nous couchons sur cette vase.

» Le 1er février, les guides reviennent à neuf heures. Impossible d'obtenir qu'ils nous apportent des vivres. Nous nous traînons sur la vase. Enfin, à midi, nous débouchons dans un lac. De l'eau ! de l'eau et de l'omn-souf, mais de terre, point ! A trois heures, les guides nous lâchent.

» J'essaie de continuer seul ; mais, comment trouver le chenal, ou crever les barrages qui se montrent de tous côtés ? A cinq heures, je m'arrête ; nous trouvons un morceau de vase à peu près sèche, et nous couchons là. Il fait diablement faim !

» Le 6, nous repartons. Qu'allons-nous devenir ? Pas un oiseau ne se montre. A cinq heures du soir, nous entrons dans une succession de mares couvertes de nénuphars. Nous en arrachons des racines et les dévorons. De loin, les Djinquis nous font signe que c'est parfait. Je les tuerais, ces gens-là !

» Le 7, au matin, nous parvenons à approcher des Djinquis. Je leur montre que nous mourons de faim ; ils se décident à nous déposer sur l'eau un peu de poisson sec : il y en a bien six rations ! A trois heures, les hommes sont fourbus, il faut s'arrêter. J'ai remarqué, en passant, un banc de sable sur la gauche du chenal, à trois kilomètres en arrière ; nous y revenons et faisons provision de nénuphars.

» Le 9, nous retrouvons des guides et entrons dans un chenal de deux cents mètres de large. « La Meschra? » Les Djinquis n'ont pas l'air de connaître ce nom « Masouin »? Ils montrent le Nord et décrivent un arc de cercle vers le Sud. Qu'est-ce que cela veut dire?

» Si je pouvais seulement prévenir Marchand, lui faire savoir où je suis, et le terrible obstacle que la Mission va rencontrer. Où suis-je? Mon levé me dit que je suis au Ghazal, mais je n'ai pas d'instruments pour faire le point.

» A onze heures du matin, nous trouvons un bras qui descend au Sud. Est-ce la Meschra? Je crie : « Masouin! » aux Djinquis ; ils me montrent le Nord de nouveau.

» Le 10, mes guides s'en vont en me montrant le Nord. A midi, nous passons au pied d'une île. Les hommes n'en peuvent plus de fatigue et de faim, et les nénuphars ont l'air de diminuer : il faut s'arrêter et faire provision.

» Dans l'après-midi, je vois des canards ; je coupe des balles en morceaux et fais des cartouches. Du premier coup, je tue trois canards, mais les autres filent au diable. Heureusement que mon sergent Mariba a tué, de son côté, un grand marabout égaré par là, et les hommes ont trouvé deux ignames. C'est un festin !

» Le 11, nous repartons. A cinq heures, Mariba me montre un hippopotame, je tire et le tue; mais il faut attendre qu'il remonte, j'entre dans un bras latéral, sans courant, pour attendre. Mariba me montre encore un hippopotame. Je lui dis : « Tire ! » il lui met une balle dans la tête, l'animal se débat furieusement. Je l'achève, et, comme il n'y a que trois mètres de fond, nous arrivons à l'attacher à la chaîne; mais il n'y a de terre nulle part, nous ne pouvons le tirer de l'eau.

» Le 12, nous poursuivons notre route, remorquant notre hippopotame. Vers dix heures, un coin de marais desséché. On se met à dépecer l'animal; mais il n'y a pas de bois : *eh! mon Dieu, nous le mangerons tout cru !*

» Le 13, à midi, un îlot couvert de jujubiers. Cela fait un peu de bois pour fumer nos morceaux d'hippopotame.

» Le 14, toujours un chenal superbe, mais le vent souffle fort et soulève de vraies vagues qui nous retardent beaucoup. A cinq heures, nous voyons enfin des arbres au loin. Alors, il y a de la terre. A cinq heures trente, nous arrivons à un confluent; la terre doit être là à 150 mètres. Je commande de traverser pour y arriver.

» Au milieu du chenal, une forte secousse nous fait perdre l'équilibre. *C'est un hippopotame qui a crevé notre boat!* le sergent me crie : « Dji bé na! » (L'eau vient!) « Force! force! » L'eau monte avec une rapidité effrayante.

» Nous sommes à 100 mètres de la berge, berge flottante; qu'y trouverons-nous? Les hommes pagayent avec rage; le boat n'émerge plus que de cinq centimètres. Nous touchons les herbes, tout le monde saute à l'eau; on n'en a que jusqu'à la ceinture, nous sommes sauvés!

» Les charges sont enlevées et portées jusqu'à la terre ferme; les herbes sont épaisses, il faut une heure pour arriver à la terre. Pendant ce temps, j'aveugle la voie d'eau avec une couverture, vide le boat, et nous l'amenons à terre. La nuit est venue, à demain la réparation.

» Le 15, réparation. Le trou a quinze centimètres de long sur dix de large; le métal est arraché et tordu dans tous les sens. Nous possédons un marteau pour tout instrument. Enfin, j'arrive à réparer l'avarie avec deux plaques de bois, une en dessous, une en dessus, serrées à force avec de la peau de notre hippopotame, et je calfate le tout...

» Le 20, au matin, ayant couché sur un banc de sable, je me réveille : plus de boat! Le courant l'a entraîné. Il faut partir à sa recherche, tantôt sur la terre, tantôt dans la vase jusqu'au cou, tantôt à la nage. Au bout de dix kilomètres, je le retrouve. Nous le ramenons au campement, mais une journée perdue...

» Le 22, nous longeons plusieurs villages, mais les habitants refusent de parler et ne veulent rien nous vendre. Trouverait-on beaucoup de soldats comme ces noirs qui, crevant de faim depuis près de deux mois, n'iraient pas piller des villages aussi peu hospitaliers? C'est pourtant ce qu'on peut faire avec nos tirailleurs, sans qu'un seul songe à protester...

» Le 24, nous explorons un bras au Sud. C'est une impasse. Plus de doute, je suis bien dans le Ghazal; mon levé est exact, et j'arrive au lac Nô.

» Alors, vois-tu, j'ai eu un désir fou de pousser jusqu'à Fachoda; mais, je ne pouvais laisser Marchand dans l'ignorance de cette route effroyable. Si la Mission s'engageait là-dedans, sans prendre les précautions nécessaires, elle était perdue. Que ce demi-tour m'a coûté! mais il le fallait.

» Le 25, un jour de repos pour les hommes, et, le 26, nous retournions sur nos pas. J'avais fabriqué un aviron de queue, en guise de gouvernail, une voile avec deux couvertures, le vent nous aiderait au moins à remonter le courant.

» Je compris alors que le confluent où nous avions été crevés par l'hippopotame, était celui du Bahr-el-Arab...

» Le 9 mars, je rentrais dans les marais du Soueh.

» Le 13, j'arrivais au point où le chenal se rapproche un peu de la rive droite, quand je vois une pirogue de Djinquis sur le marais. Ils me font des signes. J'arrête, et ils me lancent une lettre de Largeau. (Un des lieutenants de la Mission).

» Le malheureux est à ma recherche depuis douze jours, longeant la limite sud de ce marais qu'il voit sans en connaître ni l'étendue, ni la nature; il croit que le Soueh coule au milieu, et me supplie de m'arrêter pour l'attendre.

» Je lui écris que là où je suis on ne peut me rejoindre; qu'il m'attende à la sortie du marais.

» Le 14, à huit heures du soir, mon clairon sonne l'appel. « O Largeau, entends sa voix! » s'écrie Landeroin. Il n'a pas terminé sa phrase, qu'un coup de feu lui répond. C'est Largeau. « Clairon! sonne au drapeau! » Un nouveau coup de feu répond; Largeau est tout près!

» Mais, dans quel état il était! Marchant depuis un jour dans l'eau jusqu'au cou! Il a fallu que je le prisse avec son convoi dans le boat. Voyez-vous ça d'ici? Nous nous entassons tous; nous sommes cinquante-trois à bord maintenant...

» J'avais pu repasser à travers le marais sans guides, avec mon topo; j'étais sûr maintenant de pouvoir guider la Mission.

» Sorti du marais, j'ai trouvé le Soueh baissé de un mètre depuis mon passage : des bancs de sable de cinq, six, huit cents mètres sans un filet d'eau. Il a fallu lâcher le boat et rentrer à pied. Et c'est drôle, les promenades au pays Djinqui!

» Bref, le 26 mars, j'arrivais ici. On me croyait mort! »

. . . .

Avec quelle joie Marchand retrouva Baratier, vous pouvez le penser. Marchand n'avait jamais douté du succès de son frère : « Je suis sans nouvelles de Baratier, disait-il; mais je suis tranquille : *les hommes comme vous ne finissent pas en Afrique!* »

Au milieu d'une émotion poignante, fut hissé le drapeau tricolore. (page 215)

XXII. — En avant! — Fachoda. — Le drapeau tricolore sur le Nil. — Cinq mille cinq cents kilomètres à travers le Continent Noir. — Echec de la mission de Bonchamps. — Le combat du 25 août contre les Derviches. — Le *Faidherbe*.

Il était temps que le capitaine Baratier revînt de sa reconnaissance, car toute la Mission se rongeait d'impatience à Fort-Desaix, tant chacun avait hâte d'arriver à Fachoda. Et tout bas, on se disait : « Pourvu que nous n'arrivions pas trop tard! » Le commandant lui-même, sans être découragé, sentait faiblir non son âme, mais son corps : « Je suis écrasé, écrivait-il; *depuis deux années bientôt, je ne dors pas*. Ma vie est un corps à corps incessant avec tous les genres de difficultés, un saute-mouton perpétuel par dessus toutes les formes d'obstacles... »

Mais, voici Baratier de retour. Haut les cœurs! Un

dernier effort, non le moindre, et la victoire est à la France ! Comme elle est lente à venir la crue des fleuves, qui permettra au commandant de donner le signal du départ ! Enfin, l'eau monte doucement, insensiblement pendant des jours et des jours ; et, bientôt, en juin 1898, le commandant donne l'ordre d'attaquer la suprême et décisive étape. En avant !

Alors, la poignée de héros, à qui est confié l'honneur de la France, recommence l'odyssée du capitaine Baratier et ses luttes de tous les instants contre le marécage et ses traîtrises. Il semble qu'on soit obligé de s'empoigner corps à corps avec le Sedd, pour le forcer à livrer passage à la flottille. Songez que les herbes flottantes, malgré la hauteur des eaux, formaient de véritables barrières serrées, élastiques, contre lesquelles venait se briser l'élan des steams de la Mission ! Songez que parfois, traîtreusement, le Sedd laissait entrer le navire dans son fourré herbeux, puis l'enserrait et le faisait prisonnier ! Songez qu'il fallait rompre, chaque jour, cinq ou six de ces digues et, qu'à chaque moment, on devait arracher à l'étreinte des plantes aquatiques qui s'y retenaient dans un enlacement sans pareil, les roues des vapeurs ! Songez aux efforts de ces braves qui, dans l'eau jusqu'à mi-corps, parfois jusqu'aux épaules, les bras gluants de vase, frayaient un passage aux embarcations ! Songez enfin aux angoisses morales qui étreignent le cœur de ces héros, car la fièvre de l'impatience les tient, et la crainte secrète de trouver les Anglais installés à Fachoda, leur fait paraître les journées des siècles !

Les voici maintenant dans le Bahr-el-Ghazal, ils traversent le lac Nô ; encore quelques jours de labeur surhumain, et voilà la flottille qui débouche dans les eaux profondes du Nil. La mission Congo-Nil n'a point failli à sa tâche. Quelques journées encore, et enfin un cri sort de toutes les poitrines : *Fachoda! Fachoda!*

Le 10 juillet 1898, le commandant Marchand fit débarquer sa petite troupe dans la ville, ou plutôt dans l'ancienne ville de Fachoda, à moitié ruinée et devenue bourgade. Sur les rives du fleuve sacré de l'Egypte, les habitants apeurés se tenaient par groupes, et se demandaient avec terreur ce que ces étrangers venaient faire entre leurs blanches murailles. Le commandant se hâta de les rassurer en chargeant l'interprète Landeroin d'annoncer aux Chillouks de Fachoda et à son chef, ou cheik, que les Français ne venaient point avec des intentions hostiles : c'est ainsi que commença la conquête pacifique des Chillouks par les Français.

Et cette conquête devint définitive dès que Landeroin, parcourant les rues de Fachoda, comme un héraut du moyen-âge, ou un tambour de ville moderne, eut fait *assavoir* à tous que les blancs ne chargeraient les indigènes d'aucun impôt, et que, s'ils exigeaient qu'on leur fournît des vivres, ceux-ci seraient intégralement payés. Heureux de trouver dans ces intrus non des ennemis, mais d'excellents clients, les habitants de Fachoda firent à nos soldats une chaleureuse réception.

Cependant, le commandant songeait à rendre

effective l'occupation de Fachoda. Après avoir pris possession de l'ancienne moudirieh, forteresse occupée par les Egyptiens, au temps de leur domination, il fit dresser, dans la cour de ce fort, une grande perche au haut de laquelle, au milieu d'une émotion poignante, fut hissé le drapeau tricolore.

Pendant que les clairons sonnaient aux champs et que tous, officiers et soldats, présentaient les armes pour rendre les honneurs au pavillon français, debout et découvert sur la petite butte où s'élevait la hampe du drapeau, le commandant Marchand sentait les larmes lui monter aux yeux. Et, à la vue des trois couleurs flottant fièrement dans l'air, ce héros, qu'aucun danger n'avait pu émouvoir, se sentait presque défaillir : ainsi, cette tâche grandiose, que la Patrie lui avait confiée, se trouvait accomplie, malgré l'entassement des obstacles, qui eût arrêté toute autre troupe que la poignée de héros qu'il avait menée à la victoire ; ainsi, malgré la faiblesse des moyens mis à sa disposition, malgré les retards qu'une révolte, peut-être suscitée par l'or étranger, avait apportés à la marche de l'expédition, la Mission française devançait ses rivaux, arrivait bonne première à Fachoda. Cent cinquante hommes en avaient battu quarante mille ! Et c'étaient toutes ces pensées, toutes ces émotions, toute cette joie, qui bouleversaient les cœurs de ces blancs et de ces noirs, qu'un même frisson patriotique faisait battre à l'unisson !

« — Rompez les rangs ! commanda d'une voix à peine distincte, étranglée par les larmes, celui que nous pouvons, dès à présent, appeler le héros de Fachoda. »

Alors l'émotion, que la discipline avait jusqu'alors contenue, déborda en des accolades fraternelles, en d'enthousiastes ovations, dans lesquelles s'unissaient le souvenir de la Patrie et la reconnaissance que tous devaient au héros qui les avait guidés, si sûrement, à travers les mystères de l'Afrique, jusqu'à ce point perdu, et dont cependant la possession était si importante. Noirs et blancs se serraient dans leurs bras : il n'y avait plus que des Français pleurant et riant à la fois, tout en répétant :

« Vive la France! Vive Marchand! »

Les longues émotions n'étant pas permises à un chef de mission, Marchand, après avoir serré la main de tous ses compagnons, ses amis, ses frères, s'empressa de se remettre au travail. Parvenus au terme de leur long et périlleux voyage, ses officiers et ses soldats pouvaient se reposer de leurs dures fatigues, mais sa tâche à lui n'était pas terminée : il avait vu la fin de ses peines physiques, mais non celle de ses angoisses morales.

Certes, ce n'était pas un mince résultat que d'avoir atteint Fachoda, après avoir parcouru *cinq mille cinq cents kilomètres* à travers tous les périls ; mais, qu'allait devenir sa poignée de héros, isolée en ce point perdu, si loin de tout centre de ravitaillement. Grande avait été sa joie d'entrer, sans coup férir, à Fachoda, mais non moins grande sa déception de s'y trouver si seul. Quels amis espérait-il donc y rencontrer?

Pour comprendre cette déception, il faut savoir que le gouvernement français avait préparé une autre mission qui devait gagner Fachoda par l'Ouest, tandis que Marchand y parviendrait par l'Est. Une petite colonne, sous les ordres de M. de Bonchamps, partirait de nos possessions sur la mer Rouge, traverserait l'Abyssinie, emmènerait avec elle d'importantes troupes abyssines, et gagnerait Fachoda, où la rejoindrait plus tard la mission Marchand : elle n'avait à parcourir que 2.000 kilomètres. Mais, hélas! tous ces beaux projets s'évanouirent! Les Anglais étaient au courant de nos préparatifs et ne voyaient pas sans terreur l'appui que le puissant négus d'Abyssinie, Ménélick, promettait à la France. Au moment même où la mission de Bonchamps se mettait en marche, des révoltes éclatèrent dans l'empire d'Abyssinie, et Ménélick se vit obligé, pour faire face à ces difficultés, de réunir toutes ses troupes sous son commandement et de refuser à l'expédition française son concours, qui eût été d'une importance capitale dans le règlement de la question Fachoda. Ces révoltes, comme celles qui avaient si longtemps attardé le commandant Marchand, ne furent-elles pas fomentées à dessein par l'or anglais? Si on ne peut l'affirmer, on peut du moins le supposer, car ce moyen a très souvent été employé avec succès par la politique anglaise pour arrêter les ambitions de ses rivales.

Réduite à ses seules ressources, la mission de Bonchamps était vouée à un échec certain : elle s'avança à travers les marécages des rives du Sobat, courant mille dangers, voyant devant elle les indigènes fuir de leurs villages sans vouloir leur fournir de vivres; souffrant de la chaleur, du froid, de la famine; elle parvint cependant assez près du confluent du Sobat et du Nil : il lui eût fallu des bateaux pour arriver à Fachoda, et elle n'en avait pas. La mort dans l'âme, M. de Bonchamps dut faire faire demi-tour à sa petite troupe (30 décembre 1897).

Un court extrait du rapport de M. de Bonchamps vous montrera quel fut le calvaire de sa malheureuse odyssée : « Au moment où nous parvinrent des secours, dans quel lamentable état se trouvait notre caravane! *La plupart de nos hommes n'étaient plus que des squeletes ambulants*... Nos pauvres animaux étaient dans un état tout aussi pitoyable, n'ayant plus depuis quinze jours, que des herbes brûlées et desséchées pour toute nourriture. *Partis près de 150, nous revenions un peu plus de 80*; tous nos chameaux avaient succombé, et il ne nous restait plus qu'une quarantaine de mulets, ânes et chevaux sur 125, incapables désormais de rendre des services... »

Marchand ignorait le succès des intrigues anglaises et, contre tout espoir, il espérait voir bientôt apparaître à l'horizon lointain le nuage de poussière que soulèverait sous ses pas l'armée abyssine. Il envoya un courrier au devant de ces alliés qu'il ne savait pas infidèles à leur parole, et, tout en attendant les ordres du gouvernement français, à qui il annonçait l'heureuse issue de sa mission, il s'occupa d'installer, le plus solidement possible, son petit poste à Fachoda.

Les murs délabrés de la moudirieh égyptienne sont réparés, la ville, fortifiée autant qu'elle pouvait l'être, les communications, organisées d'une façon régulière par le Bahr-el-Ghazal avec les postes du Soueh et du M'Bomou, les relations rendues plus amicales et plus étroites avec les Chillouks, dont le sultan, connu sous le nom de « Grand Mek », semblait très favorable aux Français. Des jardins potagers, entre temps, avaient été créés autour du poste; et, dans cette terre merveilleusement fertile, formée par le limon du Nil, sous un ciel implacablement beau, nos tirailleurs avaient, jardiniers improvisés, semé des légumes de France qui, poussant avec une incroyable rapidité, contribuaient à faire oublier les repas de conserves, ou de viande crue, auxquels la petite troupe avait été si longtemps condamnée.

C'est à ces occupations que se passèrent le mois de juillet et une partie du mois d'août. N'était l'absence de nouvelles, tout allait pour le mieux dans la garnison de Fachoda, quand, subitement, le 25 août, une alerte se produisit. Les guetteurs signalèrent l'approche de bateaux à vapeur, dont le panache de fumée noire se détachait à l'horizon, sur le ciel bleu.

Le Grand Mek, malgré ses protestations d'amitié, avait trahi le commandant. Il avertit les Derviches de la présence des Français à Fachoda. Le mahdi envoya immédiatement deux vapeurs et des chalands portant de 1.300 à 1.500 hommes qui, pensait-il, auraient rapidement raison de la centaine de noirs en qui le blanc mettait toute sa confiance.

Le combat s'engagea à sept heures du matin. Ce que fut la fusillade, on en jugera par ce seul fait, qu'à deux heures *plus de sept cents mahdistes ou derviches étaient etendus sur les rives du Nil ou flottaient emportés par le courant!* Les balles Lebel avaient semé la mort sur les vapeurs et dans les chalands, fauché les hommes, haché les cheminées, les agrès, et troué les coques d'acier, derrière lesquelles les Derviches se pensaient invulnérables. Deux chalands avaient été coulés, et les steams du Mahdi, faisant eau de toutes parts, n'avaient réussi à échapper à une complète destruction que grâce à la rapidité du courant. Victoire! En souvenir d'un grand héros français, du plus populaire de nos rois, de Saint-Louis qui, lui aussi, voulait l'Egypte française, et dont la fête se célèbre le 25 août, le commandant Marchand baptisa le fort de Fachoda du beau nom de *Fort Saint-Louis*.

Peu de temps après, nouvelle alerte : un vapeur est signalé à l'horizon. Il vient du Sud. Miracle! Il bat pavillon français. Un cri s'élève : « *Le Faidherbe!* » C'était bien, en effet, le vapeur français, dont le commandement avait été confié au capitaine Germain, et qu'accompagnaient les chalands et les bateaux lourds que Marchand, pour ne point retarder sa marche, n'avait pas voulu se charger de conduire. Partis de Fort-Desaix, peu de temps après le commandant, le *Faidherbe* mit *quarante-deux jours* pour gagner Fachoda!

« Nous avons mis, écrit le capitaine Germain, 22 jours pour traverser 30 kilomètres de marais, un océan d'herbes et de boue; 22 jours pendant lesquels il est tombé 19 tornades; 22 jours que moi et mes tirailleurs nous avons passés dans la vase jusqu'aux épaules, piqués par les fourmis rouges, mordus au sang par les sangsues, enlevant à pleins bras la vase putride et les herbes accumulées dans le chenal. Un travail de Romains! La nuit, couchant empilés dans les pirogues, littéralement dévorés par des moustiques géants et transis de froid sous les violentes tornades. C'est miracle que le *Faidherbe* soit sorti de là. L'émotion causée par notre arrivée est indescriptible. Ce n'est pas de la joie, c'est du délire, c'est de la folie! »

Joie! délire! folie! hélas! la désillusion était proche. Et, cependant, tout réussissait au commandant; le lendemain même de la brillante défaite des Derviches, le Grand Mek, le fourbe, venait lui faire amende honorable, le comblait de présents, et l'inondait des flots de son éloquence imagée; le comparant à un lion, à un palmier, à un buffle : « Tu es, lui disait-il, un héros et tes hommes sont des lions; ils sont cent, ils valent un million, etc., etc... » Et il signa un traité par lequel il se reconnaissait le frère cadet du chef blanc, à qui il devrait, en cette qualité, soumission et respect : ce traité donnait à la France 12 millions de Chillouks comme alliés et protégés.

Marchand se croyait enfin délivré « de ce cauchemar effroyable qu'il faisait depuis trois ans » (ce sont ses propres expressions), et espérait qu'avant un an il pourrait « reposer la carcasse qu'il secouait en Afrique depuis plus de dix ans, et qui en avait assez » : l'avenir lui semblait tout rose et, dans sa douce illusion, il n'apercevrait pas le nuage qui grossissait là-bas à l'horizon tout bleu! Hélas!

Lord Kitchener s'embarqua sur une canonnière... (page 225)

XXIII. — Le charnier d'Ondurmann. — Marchand et Kitchener. — Echange de bons procédés. — Les angoisses de Marchand. — Il faut partir! — Marchand et Ménélick. — Marchand fait battre le cœur de la France. — Marchand force l'admiration des Anglais.

Depuis le départ de la mission Congo-Nil, bien des événements s'étaient passés, qu'ignorait le commandant Marchand. Les troupes anglo-égyptiennes, conduites par le sirdar Kitchener, remontant le Nil et ne rencontrant aucune opposition sérieuse de la part des Derviches, avaient, dans une première campagne (1896-97), pris Dongola, et, en 1898, Khartoum et Ondurmann. Les 40.000 hommes du général anglais, armés de fusils à tir rapide et des fameux canons mitrailleuses Maxim, eurent facilement raison des troupes des Derviches mal armées et combattant en terrain absolument découvert. Des nappes de balles et d'obus partis des rangs anglais broyèrent, sous leurs ouragans de fer, les rangs serrés des mahdistes qui, le soir, laissèrent sur le champ de bataille vingt-deux mille six cents hommes. Ce ne fut pas un combat, mais une boucherie sanglante, une atroce tuerie : pas un des Derviches n'avait pu s'approcher des rangs ennemis à plus de quatre cents mètres, sans être fauché, à cette distance, par les tirs à longue distance. Ce triste champ de bataille a été dénommé « le charnier d'Ondurmann ». Cette journée horrible eut des lendemains navrants. Des ordres furent donnés d'achever tous les blessés — le fait est authentique — et les cadavres s'amoncelèrent sur les cadavres !

Fiers de ce monstrueux égorgement, de cette victoire aux lendemains honteux, les Anglais étaient tout à leur joie, quand ils virent arriver à Ondurmann les bateaux derviches, dont les coques d'acier avaient été trouées par les balles des Lebel français. Ainsi, plus de doute ; contre tout espoir, la mission Marchand avait atteint et occupé Fachoda, et c'était elle qui avait repoussé l'assaut des Mahdistes ! D'un seul coup toute la politique anglaise s'effondrait ! Eh bien non, on irait déloger ce Marchand et on forcerait le pavillon français à s'incliner devant le pavillon anglais !

Le sirdar Kitchener — qu'en récompense de sa victoire, la reine d'Angleterre venait de créer Lord — laissant à ses lieutenants le soin d'exterminer consciencieusement les débris de l'armée des Derviches, résolut d'aller lui-même expulser cet intrus qui barrait la route aux prétentions britanniques. Accompagné de quelques officiers, de deux bataillons d'infanterie, d'une compagnie d'Ecossais ou Highlanders, d'une batterie d'artillerie, de cinq canonnières, il remonta le Nil et s'arrêta à quelques kilomètres de Fachoda, d'où, avec une certaine impertinence, il envoya une lettre au *commandant d'une mission européenne à Fachoda,* voulant montrer par là qu'il affectait d'ignorer le succès de Marchand. Marchand répondit au Lord par une lettre où la politesse s'alliait à un profond dédain et cachait mal la profonde colère qui bouillonnait dans le cœur de ce héros. Nous ne pouvons — la place nous étant trop limitée — citer cette lettre où Marchand se révèle aussi grand diplomate qu'il avait été énergique soldat. Après avoir annoncé le succès de sa mission, raconté sa victoire du 25 août « dont la première conséquence comportait libération du pays Chillouk » et fait mention du traité de protectorat signé avec le sultan Kour-abd-el-Fadil Grand Mek des Chillouks, il terminait en disant aussi ironiquement qu'habilement :

« Je vous présente donc mes souhaits de bienvenue dans le Haut-Nil et prends bonne note de votre intention de venir à Fachoda, *où je serai heureux de vous saluer* AU NOM DE LA FRANCE... »

On devine le courroux qui s'empara du terrible Lord anglais à la lecture de cette lettre bien française, où Marchand lui disait d'une façon très nette que la province de Fachoda appartenait désormais à la France *par droit de conquête* sur les Mahdistes, et *par droit de traité* avec les Chillouks. Et, ce qu'on pouvait lire entre les lignes, c'était la résolution formelle prise par cette poignée de héros, de mourir plutôt que de céder aux menaces de l'Angleterre et d'abandonner une position conquise au prix de tant de labeurs. Marchand tenait parole : il avait accompli jusqu'au bout la tâche que la Patrie lui avait imposée ; il serait toujours temps de mourir après !

Lord Kitchener s'embarqua immédiatement sur une canonnière, et se présenta à Fachoda. Le commandant Marchand et le capitaine Germain se rendirent auprès du sirdar pour saluer cet hôte qui venait leur rendre visite.

Une partie terrible allait se jouer dans cette entrevue : qu'allait-il en sortir ? La paix, par capitulation ? La guerre, par résistance ? Kitchener, les mains tendues, alla au devant des officiers français, et les félicita chaleureusement de leur magnifique traversée de l'Afrique. Puis, après avoir reçu lui-même les compliments obligés sur sa *magnifique* victoire d'Ondurmann, la discussion s'engagea.

Kitchener, au nom de l'Angleterre et de l'Egypte, protesta contre l'érection du drapeau français à Fachoda, qu'il considérait comme une violation évidente de tous leurs droits. Il ajoutait que la supériorité numérique de son armée ne laissait aucun doute sur l'issue de la lutte qui s'engagerait fatalement, si la folle résistance de Marchand s'opposait à l'exécution de ses ordres. Marchand répondit simplement qu'il n'ignorait pas l'infériorité numérique de ses troupes, mais que, sûr d'elles comme de lui-même, il lutterait jusqu'à la mort pour défendre le drapeau français; que, comme soldat, il n'avait fait qu'exécuter les ordres de son gouvernement et que, par suite, il devait attendre de nouveaux ordres pour agir.

Le commandant Marchand finit par accepter une sorte de transaction qui permettrait d'attendre l'arrivée des décisions des deux gouvernements : il garderait sa position, le drapeau tricolore flotterait toujours sur Fachoda ; mais, à peu de distance, les troupes anglo-égyptiennes hisseraient le pavillon égyptien et le drapeau britannique. Et ces trois drapeaux, flottant au vent du Nil, seraient un signe manifeste de la prise de possession de Fachoda par les Français et par les troupes anglo-égyptiennes.

Kitchener fit, en conséquence, débarquer ses troupes qui rendirent les honneurs au drapeau britannique, pendant que, muets, le cœur angoissé, nos soldats pleuraient de rage. Puis il quitta Fachoda, en laissant pour Marchand une caisse de bouteilles de vin, pour montrer qu'il avait secouru les Français dans leur dénûment. Mais, le commandant avait la riposte facile. Ne voulant pas demeurer en reste de politesse avec le sirdar, tout en lui prouvant que les vivres étaient loin de lui faire défaut, il fit remettre au vainqueur d'Ondurmann une gerbe de fleurs et une provision de légumes frais avec une lettre aussi courtoise qu'ironique :

« Mon Général,

» Je viens d'apprendre que vous avez laissé une caisse de bouteilles de vin ; je suis profondément touché de cette délicate attention, *quoique nous soyons abondamment pourvus de tout.* Permettez-moi de vous offrir, en échange amical, le modeste produit de nos jardins, *dont vous devez probablement manquer à Ondurmann...* »

... Pendant que ces incidents, en somme assez courtois, se passaient à Fachoda, la France et l'Angleterre discutaient passionnément notre droit d'intervention dans les affaires du Nil. Toute l'Angleterre était à la guerre : les deux diplomaties échangeaient force notes plus ou moins menaçantes, et dans les ports anglais et français régnait une extraordinaire animation. Les journaux ne parlaient que de mobilisation des navires de réserve, de constitution de flottes, d'embarquement de charbon, de munitions, de vivres, de rappel sur leurs navires de tous les officiers en congé. La guerre était imminente.

Le capitaine Baratier obtint la permission de venir apporter à Paris copie du rapport de Marchand sur l'occupation de Fachoda. Marchand, lui-même, impatient de connaître le résultat des négociations anglo-françaises, s'était rendu au Caire pour supplier le gouvernement français de l'entendre et de lui envoyer des secours. Quel fut le supplice du héros de Fachoda pendant cette longue attente? on le devinera aisément. Pas de nouvelles certaines, des racontars, des bavardages de journaux, annonçant un jour l'évacuation de Fachoda, un autre jour l'occupation définitive du pays conquis par la Mission. Comme il souffrait, le commandant! et cependant, toute la colonie française fêtait en lui un héros. Mais, à tous les discours, il ne pouvait répondre que par des mots entrecoupés : « Je ne trouve pas de mots pour vous répondre, disait-il. *Je souffre trop*. Mais nous avons une pensée commune qui contient tout. Amis, compatriotes, disons ensemble : « *Vive la France!* » Il ne trouvait, ce patriote, d'adoucissement à son infinie douleur que dans ce cri : Vive la France!...

Les jours succédaient aux jours. Enfin, le capitaine Baratier débarque à Alexandrie, il arrive au Caire. Le commandant est là, énervé par l'absence de nouvelles... Il aperçoit son frère d'armes. Mais, qu'a donc Baratier à baisser la tête, à courber le front comme un coupable ou un vaincu? Marchand tend vers lui ses mains et lui pose une muette interrogation... Baratier ne répond pas; il est pâle, il pleure, et soudain jette ses bras autour du chef bien-aimé, de son frère, et tous deux fondent en larmes. Le commandant a compris : Il faut partir! Il faut laisser la place aux Anglais! Il faut abandonner à des rivaux cette conquête achetée au prix de tant de peines! Et, il pleure comme pleure un père qui voit mourir un fils tendrement aimé.

Lorsque cessa cette douloureuse et cordiale étreinte de ces deux hommes, dont le cœur était broyé, on vit les visages de nos officiers redevenir énergiques et fiers, mais assombris par leur secrète douleur. Ils ne récriminaient pas, ces vaillants; ils n'accusaient point la France de les avoir abandonnés, la Patrie de les avoir sacrifiés. Et, lorsque Baratier eut montré à Marchand les journaux français, dans lesquels se trouvait ce court communiqué du gouvernement :

« *Le Conseil des ministres a résolu de ne pas maintenir, à Fachoda, la mission Marchand.* » Ils comprirent quelle avait dû être la tristesse de la Patrie en acceptant cette renonciation ; ils comprirent que la France n'avait pas voulu se lancer dans une guerre contre l'Angleterre, car elle n'a pas oublié l'année terrible, car elle a toujours les yeux fixés sur le Rhin, car elle n'a pas le droit de s'épuiser, même dans une guerre heureuse, tant qu'il y aura sur la terre étrangère des frères qui n'ont pas le droit de parler français.

Il faut partir !

Héroïques comme ils le furent dans leur traversée de l'Afrique, Marchand et Baratier sont héroïques dans l'effondrement de leur rêve et ils partent, puisqu'*il faut* partir. Un soldat n'a pas le droit de raisonner : il obéit. De retour à Fachoda, ils trouvent, sur la rive, officiers et tirailleurs assemblés pour les recevoir. Le capitaine Germain s'avance... Comme au Caire, le capitaine Baratier s'avançait le front baissé, à Fachoda, le commandant courbe la tête, et Germain, et Mangin, et les autres, s'écrient :

— Est-il donc vrai ?

Eux aussi ont compris : *il faut partir !*...

L'évacuation de Fachoda eut lieu le 11 décembre. Avant ce douloureux départ, le commandant Marchand réunit une dernière fois, autour du drapeau tricolore, ses officiers et ses soldats. Ce pavillon que l'on avait hissé, avec une profonde émotion, cinq mois auparavant, il fallait maintenant l'amener à terre et l'emporter, précieuse relique, non plus fouettant fièrement l'air, mais religieusement plié et caché aux regards, comme un vaincu. Vaincu ? Oh! non, ce ne sont pas les Anglais qui l'ont vaincu ; c'est la Fatalité.

Les 120 tirailleurs sont là, présentant les armes les officiers, saluant de l'épée ; les clairons, sonnant aux champs. D'un geste de douloureuse résignation, Marchand fait un signe, et la poulie de drisse tourne lentement ; son grincement, au milieu du profond silence, semble un sanglot, un déchirement...

C'est fini...

Il faut le dire à leur louange, les Anglais avaient offert au commandant d'envoyer leurs soldats pour rendre au drapeau français les derniers honneurs, mais Marchand ne crut pas devoir accepter cette offre courtoise : il ne voulait pas que des étrangers vissent son deuil et celui de tous ses soldats. Malgré ce refus, le major anglais Jackson, commandant de Fachoda, remit au héros français l'étendard de l'émir Ibrahim, le chef des Derviches vaincus dans le combat du 25 août, et, au moment où nos troupes s'embarquèrent sur la flottille, il fit rendre les honneurs militaires à ces braves, qui s'éloignaient, le cœur meurtri, de cette terre que leur vaillance avait bien faite leur. Il attendit aussi que la flottille eût disparu pour faire hisser à la place du drapeau tricolore le drapeau rouge de la Grande-Bretagne.

Cependant, la Mission ne partait pas au complet : elle laissait à Fachoda neuf malades : l'adjudant de Prat, le sergent Bernard et sept tirailleurs Sénégalais, dont un devait mourir bientôt à l'hôpital anglais d'Ondurmann. Ces malades allaient être rapatriés en France par la voie la plus courte. ils descendaient le

Nil de Fachoda au Caire et s'embarqueraient à Alexandrie, tandis que Marchand et le reste de sa mission se rendraient à Djibouti sur la mer Rouge, à travers l'Abyssinie.

Nous n'entreprendrons pas de raconter ce nouveau voyage de la mission Marchand; il fut d'ailleurs facilité par Ménélick, le négus ami de la France, car, plein d'admiration pour cette poignée de héros qui luttait depuis trois ans contre les hommes et la nature, il avait donné des ordres pour que, dans tous ses états, elle fût bien accueillie.

Le 21 mars 1899, la petite troupe arrivait à Addis-Ababa, la capitale de l'Ethiopie, où Ménélick lui-même lui fit une enthousiaste réception... Nombre de Français s'étaient rendus au devant des héros, dont l'entrée à Addis-Ababa fut émouvante. Un témoin oculaire nous la raconte ainsi : « Les voilà !... On s'embrasse avec l'effusion que vous devinez. Chacun voudrait avoir pour lui toutes les confidences... *Nos braves compatriotes n'ont pas une parole amère à la bouche; ils ne laissent échapper aucune plainte; mais, on sent combien ils ont le cœur meurtri d'avoir dû abandonner à des rivaux le théâtre de leurs exploits surhumains...* »

Le voyage continua au milieu d'incessantes ovations; enfin, le 16 mai, la Mission atteignait Djibouti. Le gouvernement français avait envoyé au devant d'elle, pour la ramener en France, un croiseur le *d'Assas*, dont le nom est aussi celui d'un héros. Le commandant de ce navire de guerre était chargé de remettre la cravate de la Légion d'honneur à Marchand, le plus jeune des commandeurs de la Légion d'honneur.

De Djibouti, jusqu'à Paris, l'enthousiasme ne fit que croître. A Port-Saïd, sur les rives du canal de Suez, à Toulon et durant toute une nuit de chemin de fer, à Marseille, à Avignon, à Valence, à Lyon, à Mâcon, à Dijon et enfin à Paris, où la joie populaire confina au délire, les héros Africains n'entendirent que bravos et acclamations de plus en plus nourris, de plus en plus chaleureux. Les félicitations ne leur manquèrent point; mais, il en est une que nous ne croyons pas pouvoir passer sous silence, tellement elle exprime clairement le frisson qui secoua la France entière lors de l'arrivée de Marchand et de sa vaillante escorte. C'est un toast du ministre de la marine au commandant :

« Commandant,

» Au nom du gouvernement de la République, au nom de la Marine, je viens vous exprimer notre admiration pour votre héroïsme et notre joie de votre retour... Nous vous avons suivi dans votre héroïque voyage où, seul, avec vos compagnons perdus dans le Continent noir, vous avez, d'une main ferme, tenu le drapeau de la France. Nous avons souffert vos douleurs, nous avons tressailli de vos espérances et de vos joies. *Nous avons aimé le soldat qui n'a eu d'autre idéal que de faire son devoir et de servir son pays.*

» Vous avez aujourd'hui la récompense de vos travaux; elle est noble et grande entre toutes. Je ne parle pas des grades que vous avez conquis, des distinctions honorifiques que vous avez méritées. Vous avez une gloire plus haute : *Vous avez fait battre le cœur de la France...*

» L'Angleterre, elle-même, s'inclinait respectueusement devant le vaincu de Fachoda et l'un de nos adversaires les plus acharnés, le ministre Chamberlain disait : « *Marchand mérite notre admiration par sa résolution, son courage, son dévouement; son expédition est une des plus étonnantes et des plus magnifiques dans l'histoire de l'exploration africaine.* »

Suprême adieu!... (page 237)

XXIV. — Aux enfants de France!

Nous avons, dans les pages qui précèdent, marqué les grandes étapes de cette traversée épique du Continent Mystérieux par une poignée de héros. Nous avons dit toutes les souffrances morales, plus pénibles encore que les souffrances physiques, que ces vaillants fils de France ont connues pendant trois années. Si la France n'a pas retiré du labeur surhumain de ses enfants tous les avantages qu'ils lui avaient acquis, *du moins l'admirable exemple moral qu'ils ont donné, restera tout entier.*

Quel était donc le sentiment qui, dans leurs tristesses, dans leurs détresses, soutenait ces vaillants à l'âme sans peur, ces vaillants pétris de désintéressement et d'honneur? Ce sentiment n'est autre que le

sentiment du devoir. Les jaloux, les envieux diront :
« Ces hommes sont des soldats. L'amour des aventures, l'espoir des récompenses honorifiques, ou d'un rapide avancement, expliquent suffisamment l'ardeur qu'ils ont mise à accomplir la mission qu'ils avaient, par ambition, recherchée. » N'en croyez rien : c'est le propre d'un petit esprit que de louer médiocrement les belles choses, c'est la marque d'un mauvais esprit que de les dénigrer systématiquement. Ne soyez jamais de ceux-là, enfants, mais soyez plutôt de ceux qui partagent les enthousiasmes féconds : écoutez Marchand, lui-même, vous prêcher, et il est mieux qualifié que quiconque pour le faire, l'influence moralisatrice des grands exemples :

« Ici, (c'est un extrait d'une lettre adressée en mars 1898, du Bahr-el-Ghazal), nous sommes soutenus par un mobile plus élevé que l'espoir des récompenses : LA PATRIE, *dont nous gardons encore le vieux préjugé, quoiqu'on fasse tout et au delà pour nous en démontrer l'inanité...*

» Ma tête, comme enjeu dans une partie pareille, me paraît bien peu de chose en face du résultat lointain, mais possible, qui serait si grand pour notre pays, grand, bien plus par sa portée morale et le sentiment de notre force qu'il nous donnerait enfin, que par les bénéfices matériels que je fais passer bien après.

» N'allez pas penser au moins que je crois porter un monde sur mes épaules et que je m'exagère l'importance du rôle que nous jouons ici. Certes, non. Ce serait ridicule. *Je pense simplement, mais je pense jusque dans mes moëlles que l'exemple, de si bas qu'il parte, est toujours l'exemple,* que sa portée dépend bien plus du théâtre sur lequel il se manifeste que de la valeur de celui qui le donne, et qu'il est toujours respectable, quand il a pour mobile de rendre à la Patrie le sentiment de sa véritable force de ses droits oubliés, de sa mission dans le monde, commencée il y a bientôt vingt siècles, et que nous avons l'imprescriptible obligation d'honneur de continuer, sous peine de lâcheté nationale. »

Méditez ces belles paroles, enfants, et souvenez-vous toujours de l'énergie, de l'endurance, de l'initiative, dont vous aura donné des modèles la poignée de héros que commandait Marchand.

Vous avez vu à quels obstacles ils se sont heurtés, sans jamais se laisser aller au découragement, à quel labeur surhumain ils se sont donnés tout entiers, sans proférer une plainte. Vous les avez trouvés impassibles dans les souffrances, modestes dans le triomphe, stoïques dans le douloureux effondrement de leur beau rêve.

Que la Mission ait été suivie d'un échec partiel, il importe peu, cela regarde la diplomatie : d'ailleurs, la tâche colossale, imposée à ces vaillants soldats et menée à bien, n'a pas été stérile : il a fallu que l'Angleterre comptât avec nous et la France, par la convention du 21 mars 1899, a vu s'étendre considérablement sa zone d'influence en Afrique.

Voilà ce qu'ont pu faire le sentiment du devoir et l'amour du drapeau poussés jusqu'au sacrifice, car il nous faut, avant de terminer, adresser un suprême adieu à ceux des compagnons de Marchand qui n'ont pas été à l'honneur après avoir été à la peine : au capitaine Simon, au lieutenant de vaisseau Morin, au lieutenant Gouly et aux obscurs tirailleurs, dont les os blanchissent dans quelque coin perdu de l'Afrique, mangeuse d'hommes.

Ne ménagez pas les éloges à ces héros, enfants! Soyez fiers d'appartenir à un pays qui produit de tels hommes, et réjouissez-vous avec la Patrie qui a retrouvé ses enfants qu'elle avait cru sacrifiés. Il ne vous sera sans doute pas donné d'accomplir plus tard les mêmes exploits; mais, prenant pour modèles ces héros, vous apporterez aux tâches que vous imposera votre pays le même dévouement, le même esprit de sacrifice, et vos services n'en seront pas moins réels pour être moins éclatants.

FIN

TABLE

Dédicace	7
I. — Le Continent Mystérieux. — Les Martyrs de l'Afrique. — Résultats des explorations. — La fin des légendes. — La Mission Marchand part en grand mystère.	11
II. — La barbarie africaine. — Les Européens en Afrique. — Antagonisme de la politique française et de la politique anglaise. — La mission Marchand rendue nécessaire par la menace de la Croix britannique. — Composition de la Mission. — Victoire !	19
III. — Le sang rouge des tirailleurs noirs. — La gaité du voyage. — Les dangers de la Barre. — Loango. — Le recrutement des porteurs Loangos. — La tour Eiffel au Congo. — Les sorciers Loangos.	31
IV. — Les « moutètes » de la mission Marchand. — Les monnaies qui ont cours en Afrique. — Le départ des porteurs. — Le Sentier de la Guerre. — La Brousse. — La forêt du Mayombé.	46
V. — L'état civil d'un fleuve africain. — Le passage de la barre. — Les crocodiles. — Un émouvant sauvetage. — Les noirs parents des animaux. — Un nègre de « famille à requin ».	53
VI. — Les bourreaux de la Mission. — Des moustiques sanguinaires. — Un monstre invisible : le fourou. — Une armée de fourmis. — Le noir prend sa revanche, il mange les fourmis. — Araignées et crapauds géants. — La chique.	59
VII. — Pirogues et pagayeurs. — Les rapides du Niari. — Un noyé. — Description de la forêt vierge. — Un facteur qui est le bienvenu.	65
VIII. — Une Majesté Noire. — La tombe d'un officier français. — Un campement. — Un Tam-tam enragé. — Ce que c'est qu'un palabre. — Une autre Majesté : un Enée et un Anchise noirs.	76

IX. — Déception du commandant Marchand. — Mabiala le fourbe. — Comédies sinistres. — Les isolateurs des poteaux télégraphiques. — Révolte générale. — L'état de guerre. — Le commandant Marchand arrive mourant à Loudima.   84

X. — C'est fini de rire ! — Une caverne de brigands dynamitée et enfumée — Missitou fusillé. — Mayoké au poteau d'exécution. — Un supplément de 1.500 kilomètres. — Le fétiche de mort et les sacrifices humains.   94

XI. — Un tour de force de Marchand. — Une filleule de M. de Brazza : Brazzaville. — La cherté des vivres. — Un beau coup de fusil. — Les Batékés. — Le chef au parapluie. — La mode féminine. — Singulière façon d'honorer les dieux.   106

XII. — Des navires aux noms glorieux. — Le chauffage au bois. — Tout sur le pont. — Marchand à la mort une seconde fois. — Instantané de Marchand. — Chasse au buffle. — Un tirailleur dévoré par un crocodile.   113

XIII. — Chasses à l'éléphant. — Un terrible tueur de fauves. — La vente de l'ivoire. — Moustiques et sauterelles. — Les postes militaires. — Le drapeau tricolore : ciel, lait et sang. — En avant !   121

XIV. — En pleine antropophagie. — Nos officiers font leur marché. — Les Boudjos mangent les vivants et les morts. — L'art de tuer et de découper un homme. — Le commandant Marchand antropophage. — Une légende africaine.   128

XV. — 1.500 kilomètres de rivière. — Une procession sacrilège. — A toute vapeur dans les rapides. — Ce que l'on peut faire avec des perles. — Mœurs des Banziris et des Sanyos. — Des noirs qui sont rouges. — Des antropophages peu mélancoliques. — Plus laids que nature !   139

XVI. — Les œufs de Pâques du commandant Marchand. — Les petits bateaux ont des jambes. — Labeur épique. — Les trente rapides du M'Bomou franchies en deux mois. — Le lieutenant de vaisseau Morin meurt à la peine. — Une tombe dans la forêt vierge.   148

XVII. — Lettre d'un sous-officier : des soldats dignes de leur chef. — La reconnaissance du haut M'Bomou par le capitaine Baratier. — Une halte. — Fatalité ! Des robinsons sur un îlot de vase. — La tornade libératrice.   155

XVIII. — Le journal d'un brave. — Une aventure rétrospective du capitaine Germain. — Nouveau portrait de Marchand. — Four

	le drapeau! — La chanson des pagayeurs. — Des antropophages complaisants. — Les cure-dents du capitaine. — Tous amis et frères!	166
XIX.	Bruits alarmants. — La reconnaissance du Soueh par le commandant. — Un homme doublé de tôle! — Un pays à grenouille. — Marchand, ingénieur des ponts et chaussées. — Dures nécessités.	179
XX.	Les Français pris pour des Turcs. — Niam-Niam et Dinkras. — Des morts qui se portent bien. — Le lieutenant Gouly meurt de soif. — Pour la Patrie! — Le style, c'est l'homme. — 150 contre 40.000! — Faire beaucoup avec rien.	188
XXI.	Les dangers du Sedd. — La reconnaissance du Bahr-el-Ghazal. — Le journal du capitaine Baratier. — Le menu : nénuphars et viande crue. — Le boat crevé par un hippopotame. — Demi-tour! — Au drapeau!	202
XXII.	En avant! — Fachoda. — Le drapeau tricolore sur le Nil. — Cinq mille cinq cents kilomètres à travers le Continent Noir. Echec de la mission de Bonchamps. — Le combat du 25 août contre les Derviches. — Le *Faidherbe*.	212
XXIII.	Le charnier d'Ondurmann. — Marchand et Kitchener. — Echange de bons procédés. — Les angoisses de Marchand. — Il faut partir! — Marchand et Ménélick. — Marchand fait battre le cœur de la France. — Marchand force l'admiration des Anglais.	222
XXIV.	Aux enfants de France!	234

FIN DE LA TABLE.

Limoges. — Imprimerie E. Ardant et Cie

www.ingramcontent.com/pod-product-compliance
Lightning Source LLC
Chambersburg PA
CBHW061958180426
43198CB00036B/1450